JN260766

Cahier d'exercices
Grammaire pour débutants

フランス文法
はじめての
練習帳

中村敦子

白水社

装丁	森デザイン室
本文デザイン	小川 弓枝
イラスト	石原 昭男
校閲	クリスチーヌ・ロバン・佐藤

はじめに

フランス語を始められたばかりの皆さんは、早く文法を理解したい、確実に身につけたい、と思ってこの練習帳を手にとっていることでしょう。
『フランス文法はじめての練習帳』では早く基礎力が身につくように初級レベルの文法項目を選別しました。
またフランス文法の要である動詞の活用を確実に身につけるために、さまざまな時制の基盤となる直説法現在の練習に重点を置いています。
練習問題は、単なる文法規則を覚えるだけの無味乾燥なものではなく、運用するための生きたフランス語力につながる文や語彙でつくりました。

全体の構成
初級レベルの文法事項の解説と練習問題が 20 課に配分されています。

各課の構成
文法項目の説明と例文（見開き 2 ページ）のあとに、**基礎練習 1** と **基礎練習 2** の問題が用意されています。1 と 2 では異なる項目の練習を原則にしています。それぞれ左ページには練習問題、右ページにはヒントと解答・解説が用意されています。
un peu plus ☑「もう少しがんばって」の欄では、知識のレベルアップを図るために、該当する文法事項の補足的な知識やワンランク上の情報を説明しています。
Pour aller plus loin「もっと先へ進むために」では、学習した文法知識を再度確認し定着させるとともに、発話文への応用力をはかるために作文形式の練習問題が用意されています。ページ末に学習した項目を箇条書きにした自己評価欄があります。学習者自身が理解度、習得度をチェックし、学習到達度を確認します。

各練習問題のチェック欄 ☐ を活用して、間違ったり苦手な問題を克服しながら初級文法の知識を固めてください。Bon courage !

2015 年 3 月　中村 敦子

目　次

はじめに ……………………………………………………………… 3

Leçon 1 ……………………………………………………………… 8
　　名詞の性と数　　不定冠詞と定冠詞　　提示表現
　基礎練習 1 …………………………………………………… 10
　基礎練習 2 …………………………………………………… 12
　Pour aller plus loin ………………………………………… 14

Leçon 2 ……………………………………………………………… 16
　　主語人称代名詞と動詞 être 直説法現在
　　直説法現在　　形容詞の性・数一致と位置
　　特殊な女性形をもつ形容詞　　男性第 2 形をもつ形容詞
　基礎練習 1 …………………………………………………… 18
　基礎練習 2 …………………………………………………… 20
　Pour aller plus loin ………………………………………… 22

Leçon 3 ……………………………………………………………… 24
　　動詞 avoir 直説法現在　　動詞 vouloir 直説法現在
　　部分冠詞　　否定文　　否定の冠詞 de（d'）
　基礎練習 1 …………………………………………………… 26
　基礎練習 2 …………………………………………………… 28
　Pour aller plus loin ………………………………………… 30

Leçon 4 ……………………………………………………………… 32
　　-er 規則動詞（第 1 群規則動詞）直説法現在
　　動詞 savoir 直説法現在
　　疑問文　　肯定・否定疑問文の答え方　　疑問形容詞
　基礎練習 1 …………………………………………………… 34
　基礎練習 2 …………………………………………………… 36
　Pour aller plus loin ………………………………………… 38

Leçon 5 ……………………………………………………………… 40
　　-ir 規則動詞（第 2 群規則動詞）直説法現在
　　動詞 pouvoir 直説法現在
　　強勢形の人称代名詞　　所有形容詞　　指示形容詞
　基礎練習 1 …………………………………………………… 42
　基礎練習 2 …………………………………………………… 44
　Pour aller plus loin ………………………………………… 46

Leçon 6 48
 動詞 faire 直説法現在　　動詞 mettre の直説法現在
 主語人称代名詞 on　　疑問代名詞
 基礎練習 1 50
 基礎練習 2 52
 Pour aller plus loin 54

Leçon 7 56
 動詞 aller 直説法現在　　動詞 partir 直説法現在
 前置詞 à と定冠詞 le / les の縮約
 近接未来　　疑問副詞
 基礎練習 1 58
 基礎練習 2 60
 Pour aller plus loin 62

Leçon 8 64
 動詞 venir 直説法現在　　動詞 prendre 直説法現在
 前置詞 de と定冠詞 le / les の縮約
 近接過去　　指示代名詞　　命令法
 基礎練習 1 66
 基礎練習 2 68
 Pour aller plus loin 70

Leçon 9 72
 動詞 voir 直説法現在
 動詞 attendre 直説法現在
 動詞 connaître 直説法現在
 直接目的語の人称代名詞
 基礎練習 1 74
 基礎練習 2 76
 Pour aller plus loin 78

Leçon 10 80
 動詞 écrire 直説法現在
 動詞 dire 直説法現在
 動詞 offrir 直説法現在
 間接目的語の人称代名詞　　非人称構文
 基礎練習 1 82
 基礎練習 2 84
 Pour aller plus loin 86

前置詞のまとめ ……… 88
時を表す前置詞　場所を表す前置詞
そのほかの前置詞

Leçon 11 ……… 90
動詞 plaire 直説法現在
代名動詞
基礎練習 1 ……… 92
基礎練習 2 ……… 94
Pour aller plus loin ……… 96

Leçon 12 ……… 98
動詞 lire 直説法現在
直説法複合過去（1）
基礎練習 1 ……… 100
基礎練習 2 ……… 102
Pour aller plus loin ……… 104

Leçon 13 ……… 106
直説法複合過去（2）
基礎練習 1 ……… 108
基礎練習 2 ……… 110
Pour aller plus loin ……… 112

Leçon 14 ……… 114
動詞 croire 直説法現在
動詞 boire 直説法現在
中性代名詞 en　中性代名詞 y
基礎練習 1 ……… 116
基礎練習 2 ……… 118
Pour aller plus loin ……… 120

Leçon 15 ……… 122
動詞 devoir 直説法現在
動詞 courir 直説法現在
比較級（形容詞・副詞）
最上級（形容詞・副詞）
基礎練習 1 ……… 124
基礎練習 2 ……… 126
Pour aller plus loin ……… 128

Leçon 16 ... 130
動詞 produire 直説法現在
動詞 vivre 直説法現在
動詞 recevoir 直説法現在
関係代名詞
基礎練習 1 ... 132
基礎練習 2 ... 134
Pour aller plus loin ... 136

Leçon 17 ... 138
直説法半過去
直説法大過去
基礎練習 1 ... 140
基礎練習 2 ... 142
Pour aller plus loin ... 144

Leçon 18 ... 146
直説法単純未来
受動態
基礎練習 1 ... 148
基礎練習 2 ... 150
Pour aller plus loin ... 152

Leçon 19 ... 154
条件法現在
現在分詞
ジェロンディフ
基礎練習 1 ... 156
基礎練習 2 ... 158
Pour aller plus loin ... 160

Leçon 20 ... 162
接続法現在
強調構文
基礎練習 1 ... 164
基礎練習 2 ... 166
Pour aller plus loin ... 168

Pour aller plus loin の解答と解説 ... 170

Leçon 1

名詞の性と数

フランス語の名詞は**男性名詞**と**女性名詞**に区別されています。
　男性名詞：homme 男性　　　vélo 自転車　　　musée 美術館
　女性名詞：femme 女性　　　voiture 自動車　　école 学校
数える名詞の複数形は**単数形**に**s**をつけますが、**この s は発音しません**。
　homme [ɔm オム]　　hommes [ɔm オム]
※綴りの h は発音しませんが、単語によって**無音の h** と**有音の h** の区別があります。無音の h は母音で始まる語として、有音の h（辞書の†印）は子音で始まる語として扱います。

不定冠詞と定冠詞

フランス語の名詞には限定する語をつけます。そのひとつが冠詞です。冠詞には不定冠詞、定冠詞、部分冠詞があり、ここでは**不定冠詞**と**定冠詞**を学びます。

冠詞には**男性名詞単数に用いる形**と**女性名詞単数に用いる形**があります。名詞の複数形を表す s は発音しないので、単・複を判断するために英語にはない**複数名詞に用いる冠詞**が用意されています。

不定冠詞	un	男性名詞単数	*un* homme	*un* musée
	une	女性名詞単数	*une* femme	*une* école
	des	男性・女性名詞複数	*des* hommes *des* femmes	*des* musées *des* écoles

un [œ̃/ɛ̃ アン] と **des** [de デ] の語末の n, s は発音しません。ただし、つづく語が母音または無音の h で始まるとき、それぞれ n [n ヌ]、s [z ズ] と音を出して次の母音とひとつの音にして発音します。これを**リエゾン**と呼びます。
　un͜ homme [œnɔm/ɛ̃nɔm アン**ノ**ム]
　des͜ hommes [dezɔm デ**ゾ**ム]　　des͜ écoles [dezekɔl デ**ゼ**コル]
une [yn ユヌ] は次の語が母音または無音の h で始まるとき、発音する語末の n [ヌ] と次の母音をひとつの音で発音します。これを**アンシェヌマン**と呼びます。
　une͜ école [ynekɔl ユ**ネ**コル]　　une͜ histoire [ynistwar ユ**ニ**ストワル] 話・歴史

【用法】特定されていないひとつまたは複数のものをさす。
  Voilà *une* tour. あそこにタワーがある。
  Il y a *des* garçons là-bas. あちらに少年たちがいます。
    ※名詞は不定冠詞をつけて覚えること。男性名詞・女性名詞の区別が身につきます。

定冠詞	**le (l')**	男性名詞単数	*l'*homme	*le* musée
	la (l')	女性名詞単数	*la* femme	*l'*école
	les	男性・女性名詞複数	*les* hommes *les* femmes	*les* musées *les* écoles

定冠詞 **le** [lə ル] と **la** [la ラ] は次の語が母音、無音の h で始まるとき e / a を省略してアポストロフで示し **l'** にします。l' は次の母音とひとつの音で発音します。これをエリジヨンと呼びます。

 ~~le homme~~ → l'homme [lɔm ロム] ~~la école~~ → l'école [lekɔl レコル]
     ※有音の h はエリジヨンしません。**le** hasard [lə azar ル アザール] 偶然
les [le レ] は des と同様に、語尾の s は次の母音と [z ズ] の音でリエゾンします。
 les hommes [lezɔm レゾム] les écoles [lezekɔl レゼコル]

【用法】
(1) 特定されたひとつまたは複数のものをさす。
  Il y a un monsieur là-bas. あちらに男性がいます。
  — C'est *le* père de Pierre. ピエールのお父さんです。
(2) 唯一のものを表す。
  Maman, il y a une tour. ママ、タワーがあるよ。
  — C'est *la* tour Eiffel. エッフェル塔ですよ。
(3) 対象となる種類全体を表す。
  J'aime *les* chats. 私は猫が好きだ。(p.32 参照)

提示表現

次のような表現を用いて「人」や「もの」を提示します。
 〈 **il y a** ＋ 単数・複数名詞 〉：〜がある・いる
 〈 **c'est** ＋ 単数名詞 / **ce sont** ＋ 複数名詞 〉：これ / それ / あれは〜です
 〈 **voici** / **voilà** ＋ 単数・複数名詞 〉：ここ / あそこ / そこに〜がある・いる

基礎練習 1

対になる女性名詞を右の枠内から選び、不定冠詞をつけて書きましょう。

☐ 1. un homme 男性　　_____　_____　女性

☐ 2. un garçon 少年　　_____　_____　少女

☐ 3. un frère 兄弟　　_____　_____　姉妹

☐ 4. un monsieur 男性　_____　_____　女性

☐ 5. un étudiant 男子学生　_____　_____　女子学生

☐ 6. un ami 男性の友だち　_____　_____　女性の友だち

| amie |
| dame |
| étudiante |
| femme |
| fille |
| sœur |

乗り物を表す [ ] の名詞を男性名詞と女性名詞に分類して、不定冠詞と意味を書きましょう。[avion　bateau　bus　moto　taxi　train　voiture]

☐ 7. 男性名詞　　　　　　　　　　　　☐ 8. 女性名詞

　un　　avion　　（　飛行機　）　　_____　_____　（　　　）

　_____　_____　（　　　）　　_____　_____　（　　　）

　_____　_____　（　　　）

　_____　_____　（　　　）

　_____　_____　（　　　）

_____ に不定冠詞、_____ に名詞の複数形、（　）に意味を書きましょう。

☐ 9. _____ banque　　_____ _____　（　　　）

☐ 10. _____ église　　_____ _____　（　　　）

☐ 11. _____ magasin　_____ _____　（　　　）

☐ 12. _____ hôtel　　_____ _____　（　　　）

☐ 13. _____ orange　_____ _____　（　　　）

☐ 14. _____ pomme　_____ _____　（　　　）

☐ 15. _____ cerise　_____ _____　（　　　）

un peu plus ☑

☐ femme と fille の意味

femme : homme 男性 ⇔ femme 女性　　mari 夫 ⇔ femme 妻
fille　 : garçon 少年 ⇔ fille 少女　　　fils 息子 ⇔ fille 娘

☐ élève と enfant は男女同形

un élève 男子生徒 ⇔ une élève 女子生徒
un enfant (男の)子供 ⇔ une enfant (女の)子供

☐ 大人の「男性」を表す un monsieur は un homme より丁寧な言い方。

ヒント

・辞書を使って男性名詞と女性名詞の区別を確認しましょう。
・辞書では男性名詞は男、女性名詞は女の印で示されています。
・フランス語では男性名詞を nom masculin [n.m.]、女性名詞を nom féminin [n.f.] と言い、この印を用いることもあります。

解答・解説

1. une femme　2. une fille　3. une sœur　4. une dame　5. une étudiante　6. une amie
7. un bateau 船　un bus バス　un taxi タクシー　un train 列車　8. une moto バイク　une voiture 自動車　9. une banque, des banques 銀行　10. une église, des églises 教会
11. un magasin, des magasins 店　12. un hôtel, des hôtels ホテル 13. une orange, des oranges オレンジ　14. une pomme, des pommes リンゴ　15. une cerise, des cerises さくらんぼ

基礎練習 2

国名を表す [　　] の名詞を男性名詞と女性名詞に分類して定冠詞を書きましょう。

[Allemagne　Angleterre　Brésil　Canada　Chine
  États-Unis　France　Italie　Japon　Portugal]

　　　　　　　男性名詞　　　　　　　　　　　　女性名詞
☐ 1. ＿＿＿ ＿＿＿＿＿＿ 日本　　　　　＿＿＿ ＿＿＿＿＿＿ フランス
☐ 2. ＿＿＿ ＿＿＿＿＿＿ カナダ　　　　＿＿＿ ＿＿＿＿＿＿ ドイツ
☐ 3. ＿＿＿ ＿＿＿＿＿＿ ポルトガル　　＿＿＿ ＿＿＿＿＿＿ イギリス
☐ 4. ＿＿＿ ＿＿＿＿＿＿ ブラジル　　　＿＿＿ ＿＿＿＿＿＿ イタリア
☐ 5. ＿＿＿ ＿＿＿＿＿＿ アメリカ合衆国　＿＿＿ ＿＿＿＿＿＿ 中国

(　) に名詞の意味を書き、冠詞とともに複数形にしましょう。

☐ 6. un arbre （　　　　）　　＿＿＿ ＿＿＿＿＿＿＿＿＿＿
☐ 7. une herbe （　　　　）　　＿＿＿ ＿＿＿＿＿＿＿＿＿＿
☐ 8. l'oiseau （　　　　）　　＿＿＿ ＿＿＿＿＿＿＿＿＿＿
☐ 9. l'animal （　　　　）　　＿＿＿ ＿＿＿＿＿＿＿＿＿＿
☐ 10. le pays （　　　　）　　＿＿＿ ＿＿＿＿＿＿＿＿＿＿

名詞に不定冠詞、定冠詞をつけましょう。

　例：　un　musée　　　le　musée du Louvre　ルーヴル美術館
☐ 11. ＿＿＿ route　　　＿＿＿ route nationale 66　国道 66 号線
☐ 12. ＿＿＿ autoroute　＿＿＿ autoroute A2　高速道路 A2 号線
☐ 13. ＿＿＿ rue　　　　＿＿＿ rue de Rivoli　リボリ通り
☐ 14. ＿＿＿ boulevard　＿＿＿ boulevard Saint-Michel　サン・ミッシェル大通り
☐ 15. ＿＿＿ avenue　　 ＿＿＿ avenue de l'Opéra　オペラ座大通り

un peu plus ☑
❏ 名詞の複数形
- -s, -x, -z で終わる名詞：単複同形　un /des bras 腕　une / des voix 声
- -eau, -eu で終わる名詞：複数形は x をつける。
  cad**eau** → cad**eaux** プレゼント　chev**eu** → chev**eux** 髪の毛
- -al で終わる名詞：複数形は -aux になる。journ**al** → journ**aux** 新聞
- 特殊な複数形
  un œil → des yeux 目
  monsieur → messieurs（男性に）〜さん
  madame → mesdames（女性に）〜さん
- 単・複で音が異なる名詞
  un œuf [œnœf アンヌッフ] → des œufs [dezø デズー] 卵

ヒント🗝
- 辞書で男性名詞、女性名詞の区別を確認。
- 母音字と無音の h で始まる単数名詞の定冠詞はエリジョンに注意。
- 5.「アメリカ合衆国」は男性名詞複数形で用いる名詞。
- 8. 〜10. 複数形は上記の un peu plus を確認。
- 11. 〜 15. 不特定のものをさす不定冠詞と、特定されたもの、唯一のものをさす定冠詞の用法。

解答・解説
1. le Japon, la France　2. le Canada, l'Allemagne　3. le Portugal, l'Angleterre　4. le Brésil, l'Italie　5. les États-Unis, la Chine　6. un arbre（木）, des arbres　7. une herbe（草）, des herbes　※ herbe の h は無音の h。8. l'oiseau（鳥）, les oiseaux　※ -eau で終わる語の複数形は s ではなく x になる。9. l'animal（動物）, les animaux　※ -al で終わるので複数形は -aux。10. le pays（国）, les pays　※ -s で終わるので単複同形。11. une route, la route nationale 66　12. une autoroute, l'autoroute A2　13. une rue, la rue de Rivoli　14. un boulevard, le boulevard Saint-Michel　15. une avenue, l'avenue de l'Opéra

Pour aller plus loin

名詞に不定冠詞をつけて文を完成し、訳しましょう（辞書使用）。

- ❒ 1. Sur la table, il y a _____ assiette, _____ verre et _____ serviette.
- ❒ 2. À côté de* l'assiette, il y a _____ couteau, _____ fourchette et _____ cuillère. 　　* à côté de : 〜のそばに
- ❒ 3. Sur le bureau, il y a _____ ordinateur et _____ imprimante.
- ❒ 4. Près de* l'ordinateur, il y a _____ livres, _____ cahier, _____ crayon, _____ stylo... 　　* près de : 〜の近くに
- ❒ 5. Dans le sac, il y a _____ clé, _____ portefeuille et _____ smartphone.
- ❒ 6. Il y a aussi _____ agenda et _____ mouchoir.

_____ に不定冠詞を、_____ に定冠詞を書き、文を訳しましょう（辞書使用）。

- ❒ 7. Voici _____ montre.
- ❒ 8. — C'est _____ montre de Marie.
- ❒ 9. Voici _____ lunettes.
- ❒ 10. — Ce sont _____ lunettes de Philippe.
- ❒ 11. Il y a _____ dame là-bas.
- ❒ 12. — C'est _____ mère de Pierre.
- ❒ 13. Il y a _____ monsieur là-bas.
- ❒ 14. — C'est _____ père de Sophie.
- ❒ 15. Il y a _____ sac.
- ❒ 16. — C'est _____ sac de Céline.
- ❒ 17. Voici _____ appartement.

❏ 18. — C'est _____ appartement de M. et Mme* Legrand.

　　　　　　　　　　　　＊ M. et Mme : monsieur et madame

❏ 19. Voici _____ bagages.

❏ 20. — Ce sont _____ bagages de monsieur Dumont.

❏ 21. Il y a _____ garçons là-bas.

❏ 22. — Ce sont _____ frères de Paul.

❏ 23. Voici _____ maison.

❏ 24. — C'est _____ maison de Sylvie.

固有名詞を [　] から選び、冠詞をつけて文を完成し、訳しましょう（辞書使用）。

[Châtelet　　　　Picasso　　　　　Mirabeau　　]
[Saint-Sulpice　　Montparnasse　　Chambord　　]

❏ 25. Il y a un château. — C'est _____ château de _____ .

❏ 26. Il y a un musée. — C'est _____ musée _____ .

❏ 27. Voici un pont. — C'est _____ pont _____ .

❏ 28. Il y a une église. — C'est _____ église _____ .

❏ 29. Il y a une gare. — C'est _____ gare _____ .

❏ 30. Voici une station de métro.

　　　— C'est _____ station _____ .

❏ 辞書で名詞の性を調べることに慣れた。
❏ 不定冠詞と定冠詞の基本的な用法が理解できた。
❏ 辞書を使って正解できた。
❏ 辞書を使わずに正解できた。

Leçon 2

主語人称代名詞と動詞 être 直説法現在

動詞は 8 つの主語に合わせて活用します。je だけがエリジョンします。

je (j')	私は	nous	私たちは		
tu	君は	vous	あなた（方）は / 君たちは		
il	彼は / それは	ils	彼らは / それらは		
elle	彼女は / それは	elles	彼女らは / それらは		

être (〜である / にいる)	
je suis	nous sommes
tu es	vous êtes
il est	ils sont
elle est	elles sont

※英語の be 動詞に近い動詞

親しい相手ひとりには **tu** を、そうでない場合は **vous** を用います。複数形はどちらも **vous** です。

il / elle, ils / elles は「人」だけでなく「もの」にも使います。名詞の性・数が使い分けのポイントです。

 il「それは」 ←男性名詞単数 elle「それは」 ←女性名詞単数
 ils「それらは」←男性名詞複数 elles「それらは」←女性名詞複数
   ↖ 男性名詞 + 女性名詞の複数

直説法現在

現在の行為、事柄、状態を伝える動詞の形を直説法現在と呼びます。

形容詞の性・数一致と位置

フランス語の形容詞は修飾する名詞や代名詞の性（男性・女性）と数（単数・複数）に合わせて形が変わります。女性形にするには **e** を、複数形にするには **s** をつけます。

je suis	content(*e*)	nous sommes	content(*e*)*s*
tu es	content(*e*)	vous êtes	content(*e*)(*s*)
il est	content	ils sont	content*s*
elle est	content*e*	elles sont	content*es*

※ être 動詞を用いて主語とイコールの関係にある語を属詞（英語の補語）と呼びます。

Je suis content. ぼくは満足だ。　Je suis content*e*. 私（女性）は満足です。
Vous êtes content*s*. あなた方（男性複数・男女複数）は満足している。
Vous êtes content*es*. あなた方（女性複数）は満足している。

un chat（男・単）noir 1匹の黒猫　　une voiture（女・単）japonais*e* 1台の日本車
des chats（男・複）noir*s* 複数の黒猫　des voitures（女・複）japonais*es* 複数の日本車
Il est jeune. / Elle est jeun*e*.　彼（女）は若い。※eで終わるときはeをつけない。
Il est gros. / Ils sont gro*s*.　彼（ら）は太っている。※sで終わるときはsをつけない。

フランス語の形容詞は名詞のあとに置くのが原則です。
　※国籍、色の形容詞は英語と違い、名詞のあとになります。
　un film américain アメリカ映画　　　　des robes rouges 赤いドレス
beau, bon, joli, petit, vieux などの形容詞は名詞の前に置きます。
　un bon restaurant おいしいレストラン　　une petite chambre 小さな部屋

特殊な女性形をもつ形容詞

- -er → -ère : lég*er* → lég*ère* 軽い
- -f → -ve : acti*f* → acti*ve* 活動的な
- -eux → -euse : heur*eux* → heur*euse* 幸福な
- 語末の子音字を重ねて e をつけます。
　　bon → bon*ne* よい / おいしい　　gentil → gentil*le* 親切な
- その他：long → longue 長い　　blanc → blanche 白い　　doux → douce 暖かい

男性第2形をもつ形容詞

beau（美しい）、nouveau（新しい）、vieux（古い / 年老いた）は母音、無音のh で始まる男性名詞単数の前では bel / nouvel / vieil（男性第2形）になります。この語末の子音字を重ねて e をつけた belle / nouvelle / vieille が女性形です。

	男性	女性	
単数	**beau**	**belle**	un *beau* château 美しい城　　une *belle* maison 美しい家
	bel		un *bel* appartement 美しいマンション

基礎練習 1

être の直説法現在と正しい形容詞を [　] から選んで書き、文を訳しましょう。

☐ 1. Je (男) ....
☐ 2. Je (女) ....
　　[fatigué　　fatiguée　　fatigués　　fatiguées]
☐ 3. Tu (男) ....
☐ 4. Tu (女) ....
　　[grand　　grande　　grands　　grandes]
☐ 5. Ils ....
☐ 6. Elle ....
　　[triste　　tristes]
☐ 7. Nous (男・複) ....
　　[heureux　　heureuse　　heureuses]
☐ 8. Vous (男・単) ....
　　[gentil　　gentille　　gentils　　gentilles]
☐ 9. Vous (女・単) ....
　　[gentil　　gentille　　gentils　　gentilles]
☐ 10. Vous (女・複) ....
　　[gentil　　gentille　　gentils　　gentilles]

名詞に合わせて形容詞 bon を正しい形で書き、表現を訳しましょう。

☐ 11. .... courage !
☐ 12. .... journée !
☐ 13. .... anniversaire !
☐ 14. .... vacances !
☐ 15. .... voyage !

un peu plus ☑

□ **不定冠詞 des → de**

形容詞が名詞の前にくると不定冠詞の des は de になります。

un bon film（形容詞 + 名詞）　　un film américain（名詞 + 形容詞）

de bons films いい映画　　　　*des* films américains アメリカ映画

□ **国籍を表す形容詞**

japonais / japonaise 日本人の / 日本の / 日本語の

français / française フランス人の / フランスの / フランス語の

américain / américaine アメリカ人の / アメリカの / 米語の

□ **色の形容詞**

blanc / blanche 白の　　jaune 黄色の　　orange オレンジ色の

rouge 赤の　　　　　　 marron 茶色の　　vert(e) 緑の

bleu(e) 青の　　　　　 gris(e) グレーの　noir(e) 黒の

ヒント 🔑

1. 2. 5. & 6. -é で終わる形容詞の女性形は原則通り。-e で終わるときは？

7. -x で終わる形容詞の複数形は名詞の複数形と同じ（p.13 参照）。

11. 13. &15. 男性名詞・単数

12. 女性名詞・単数

14. 女性名詞・複数

解答・解説

1. Je suis fatigué. ぼくは疲れている。 2. Je suis fatiguée. 3.Tu es grand. 君は背が高い。 4. Tu es grande. 5. Ils sont tristes. 彼らは悲しい。 6. Elle est triste. 彼女は悲しい。※ -e で終わる形容詞に e はつけない。7. Nous sommes heureux. 私たちは幸せです。※ -x で終わる形容詞の複数形は x のまま。8. Vous êtes gentil. あなたは親切です。9. Vous êtes gentille. 10. Vous êtes gentilles. あなた方は親切です。 11. Bon courage ! 頑張って。12. Bonne journée ! いい一日を。13. Bon anniversaire ! お誕生日おめでとう！14. Bonnes vacances ! 楽しい休暇を。15. Bon voyage ! よいご旅行を！

基礎練習 2

（　）の形容詞をつけて全文を書き改め、訳しましょう。

- ☐ 1. C'est une valise.（lourd）
- ☐ 2. Ce sont des chaussures.（léger）
- ☐ 3. Ce sont des étudiants.（japonais）
- ☐ 4. Voilà une cravate.（bleu）
- ☐ 5. C'est une question.（difficile）
- ☐ 6. Ce sont des femmes.（sportif）
- ☐ 7. Il y a un couteau.（petit）
- ☐ 8. C'est un appartement.（vieux）
- ☐ 9. C'est une chanson.（beau）
- ☐ 10. Il y a une fille.（joli）

名詞を複数形にして全文を書き改め、訳しましょう。

例：C'est une robe noire.　　　Ce sont des robes noires.

- ☐ 11. C'est un film français.
- ☐ 12. Voici une histoire intéressante.
- ☐ 13. C'est une vieille maison.
- ☐ 14. C'est une belle voiture.
- ☐ 15. Il y a un bon restaurant.

C'est une question difficile.

un peu plus ☑

❏ 名詞の前後によって意味の異なる形容詞

une *grande* ville 大都市　　un *grand* homme 偉人
un homme *grand* 背の高い男性
une famille *pauvre* 貧しい家庭　　une *pauvre* femme 哀れな女性

❏ 職業を表す名詞

acteur / actrice 俳優　　　　chanteur / chanteuse 歌手
étudiant / étudiante 大学生　　professeur(e) 先生
pâtissier / pâtissière ケーキ職人　　boulanger / boulangère パン屋
musicien / musicienne 音楽家　　avocat / avocate 弁護士　　médecin 医師

※これらの名詞を用いてその人の職業や身分を伝えるときは冠詞をつけない。

Elle est étudiante.　彼女は学生です。

ヒント🗝

7. ~ 10. 形容詞の位置は？
13. ~ 15. 不定冠詞複数の形は p.19 の un peu plus を確認。

解答・解説

1. ... une valise lourde. これは重いスーツケースです。 2. ... des chaussures（女・複）légères. 軽い靴だ。 3. ... des étudiants japonais. 日本人の学生たちです。 4. ... une cravate bleue. ブルーのネクタイです。 5. ... une question difficile. 難しい問題です。 6. ... des femmes sportives. スポーツ好きの女性たちです。※ sportif の女性形は sportive。 7. ... un petit couteau. 小さいナイフがある。※ petit は名詞の前。 8. ... un vieil appartement. これは古いマンションです。※ vieux は名詞の前。母音、無音の h で始まる男性名詞単数の前では vieil。 9. ... une belle chanson. 美しい歌です。※ beau は名詞の前。 10. ... une jolie fille. きれいな娘さんがいます。※ joli は名詞の前。 11. Ce sont des films français. これらはフランス映画です。※ -s で終わるとき単複同形。 12. Voici des histoires intéressantes. おもしろい物語です。 13. Ce sont de vieilles maisons. 古い家並みです。※ 形容詞が名詞の前のとき不定冠詞 des は de。 14. Ce sont de belles voitures. すてきな車だ。13. に同じ。 15. Il y a de bons restaurants. おいしいレストランがあります。 13. 14. と同様に des は de。

Pour aller plus loin

[ ] から適切な形容詞を選んで正しい形で_____に書き、文を訳しましょう。同じ形容詞を2回使わないこと。

[américain   blond   intéressant   jeune   joli]

❏ 1. Voici un _____ sac.

❏ 2. C'est une moto _____.

❏ 3. Monsieur Legrand, c'est un _____ homme.

❏ 4. C'est un livre _____.

❏ 5. Il y a une fille _____ là-bas.

voiture を修飾する [ ] の形容詞を正しい形・正しい位置に書きましょう。

[allemand   beau   blanc   bon   français   grand
  japonais   merveilleux   petit   rouge   sportif   vieux]

例：C'est une _jolie_ voiture.

　　C'est une voiture _américaine_.

　　　　　❏ 6. _____   ❏ 7. _____
　　　　　❏ 8. _____   ❏ 9. _____
　　　　　❏ 10. _____   ❏ 11. _____
C'est une ❏ 12. _____ voiture ❏ 13. _____
　　　　　❏ 14. _____   ❏ 15. _____
　　　　　　　　　　　　　　　　　　❏ 16. _____
　　　　　　　　　　　　　　　　　　❏ 17. _____

日本語を参考に適切なフランス語を1語　　に書き、文を完成しましょう。

☐ 18. Bonjour, Cécile. C'est Akiko, _____.
　　　こんにちは、セシル。こちらは日本人のお友だちのアキコです。

☐ 19. _____ appétit !
　　　たっぷり召し上がれ！

☐ 20. Il y a _____.
　　　おいしいフレンチのレストランがあるわよ。

☐ 21. C'est _____.
　　　すてきな日本の歌ですね。

☐ 22. Merci beaucoup. Vous _____.
　　　（女性に）どうもありがとうございます。ご親切に。

☐ 23. _____. 私（女）は大学生です。
☐ 24. _____. 私（男）はパティシエです。
☐ 25. _____. 私たち（女）は日本人です。
☐ 26. _____. 彼らはハンサムです。
☐ 27. _____. 彼女は幸せです。
☐ 28. _____. 君（男）は背が高いね。
☐ 29. _____. 君たち（男女）はスポーツ好きだね。
☐ 30. _____. 彼女はフランス人です。

☐ 主語人称代名詞と動詞の活用の仕組みを理解した。
☐ être 直説法現在の意味と活用形を覚えた。
☐ 形容詞の性・数一致の仕組みを理解した。
☐ 形容詞の位置を理解した。
☐ 特殊な女性形の形容詞を理解した。

Leçon 3

動詞 avoir 直説法現在

avoir (〜を持っている)	
j' ai	nous avons
tu as	vous avez
il a	ils ont
elle a	elles ont

〈 **avoir** + 名詞 〉：〜を持っている
J'*ai* un chat.　私は猫を飼っている。
Il *a* des enfants.　彼には子供がいる。
〈 **avoir** + 名詞 〉：〜である（身体の特徴）
Il *a* les yeux bleus.
彼は青い目をしている / 彼の目は青い。

動詞 vouloir 直説法現在

vouloir (〜を欲しい)	
je veux	nous voulons
tu veux	vous voulez
il veut	ils veulent
elle veut	elles veulent

〈 **vouloir** + 名詞 〉：〜を欲しい
Je *veux* un ordinateur.
私はパソコンが欲しい。
〈 **vouloir** + 不定詞 〉：〜したい
Il *veut* être professeur.
彼は先生になりたい。

部分冠詞

名詞が表すものを数ではなく**量**でとらえて伝える冠詞です。量を表すため、複数名詞に用いる形はありません。

du	男性名詞単数	*du* vin　ワイン	*du* poisson　魚
de la	女性名詞単数	*de la* bière　ビール	*de la* viande　肉
de l'	母音、無音の h で始まる男性・女性名詞単数	*de l'*argent　お金	*de l'*eau　水 *de l'*huile　油

【用法】
（1）数えられないもののある量を表す。
　　Il y a encore *du* vin dans la bouteille.　ボトルにまだワインがある。
（2）数えられるひとつのもののある一部分の量を表す。
　　Je veux *du* pain.　パンが欲しい。
（3）とくに数えないもののある量を表す。
　　Tu as *de la* chance.　君は運がいいね。

un pain

du pain

否定文

> ne（n'）＋動詞＋pas 　　＊ne はエリジョンします。

否定文は活用している動詞を **ne** と **pas** ではさんでつくります。

avoir の否定形

je	n'ai	pas	nous	n'avons	pas
tu	n'as	pas	vous	n'avez	pas
il	n'a	pas	ils	n'ont	pas
elle	n'a	pas	elles	n'ont	pas

être の否定形

je	ne suis	pas	nous	ne sommes	pas
tu	n'es	pas	vous	n' êtes	pas
il	n'est	pas	ils	ne sont	pas
elle	n'est	pas	elles	ne sont	pas

否定の冠詞 de（d'）

直接目的語につく不定冠詞と部分冠詞は否定文では **de**（**d'**）になります。定冠詞は de（d'）になりません。

　　J'　　ai　　de la monnaie.　　私は小銭を持っています。
　　主語　動詞　直接目的語［動詞（être を除く）のあとに直接つづく名詞のこと］

　　J'ai des billets, mais je **n'**ai **pas** *de* monnaie.　　お札はあるけど小銭はない。

il y a の構文でも不定冠詞と部分冠詞は **de**（**d'**）になります。

　　Il y a **du** lait.　　牛乳があります。

　　Il **n'**y a **pas** *de* lait.　　牛乳がありません。

属詞につく冠詞は否定文で de（d'）にはなりません。

　　C'　　est　　**du** sucre.　　これは砂糖です。
　　主語　動詞　　属詞［主語とイコールの関係にあり、主語の性質を伝える］

Ce **n'**est **pas du** sucre. C'est **du** sel.　　砂糖じゃない。塩だ。

基礎練習 1

avoir の直説法現在を ___ に書き、文を訳しましょう。

☐ 1. J'___ un gros chien.

☐ 2. Tu ___ les yeux bleus.

☐ 3. Marie ___ une petite sœur.

☐ 4. Nous ___ une maison à la campagne.

☐ 5. Vous ___ un bel appartement !

☐ 6. Elles ___ les cheveux longs.

avoir の直説法現在を ___ に、部分冠詞 [du / de la / de l'] を ( ) に書き、文を訳しましょう。

☐ 7. Vous ___ ( ) monnaie ?

☐ 8. Tu ___ ( ) eau ?

☐ 9. Philippe et Jean ___ ( ) courage.

☐ 10. Marc ___ ( ) humour.

☐ 11. Il y ___ ( ) thé et ( ) lait.

☐ 12. J' ___ ( ) patience.

☐ 13. Il y ___ ( ) viande et ( ) poisson.

☐ 14. Nous ___ ( ) chance !

☐ 15. Il y ___ ( ) riz ?

J'ai un gros chien.

un peu plus ☑

☐ **avoir** の成句

avoir faim : 空腹である

avoir soif : のどが渇いている

avoir chaud : 暑い

avoir froid : 寒い

avoir raison : 正しい

avoir tort : 間違っている

avoir sommeil : 眠い

avoir envie de + 名詞 / 不定詞 : 〜が欲しい / 〜したい

avoir besoin de + 名詞 / 不定詞 : 〜が必要である

ヒント

辞書で男性名詞、女性名詞の区別を確認しましょう。

7. 8. &15. 文末に《 ? 》をつけると疑問文になる（p.32 参照）。

8. &10. 母音、無音の h で始まる名詞につける部分冠詞は？

解答・解説

1. J'ai un gros chien. 私は大きい犬を飼っている。 2. Tu as les yeux bleus. 君は青い目をしている。 3. Marie a une petite sœur. マリには妹がいる。 4. Nous avons une maison à la campagne. 私たちは田舎に家があります。 5. Vous avez un bel appartement ! 素敵なマンションをお持ちですね。 6. Elles ont les cheveux longs. 彼女たちは髪が長い / ロングヘアだ。 7. Vous avez (de la) monnaie ? 小銭をお持ちですか。 8. Tu as (de l')eau ? お水ある？ 9. Philippe et Jean ont (du) courage. フィリップとジャンは勇気がある。 10. Marc a (de l')humour. マルクはユーモアがある。※無音のhで始まるので de l' の形。 11. Il y a (du) thé et (du) lait. 紅茶とミルクがあります。 12. J'ai (de la) patience. 私は我慢強いの。13. Il y a (de la) viande et (du) poisson. 肉と魚がある。 14. Nous avons (de la) chance. 私たちは運がいい。 15. Il y a (du) riz ? お米がある？

基礎練習 2

vouloir の直説法現在を_____に書き、文を訳しましょう。

- ☐ 1. Je _____ de la bière.
- ☐ 2. Tu _____ être chanteur ?
- ☐ 3. Pierre _____ une voiture allemande.
- ☐ 4. Nous _____ une grande maison.
- ☐ 5. Vous _____ du repos ?
- ☐ 6. Sophie et Isabelle _____ être actrices.

否定文にして、訳しましょう。

- ☐ 7. Paul veut du café.
- ☐ 8. C'est une amie.
- ☐ 9. Tu as de la chance !
- ☐ 10. Nous avons des cours aujourd'hui.

- ☐ 11. J'ai froid.
- ☐ 12. Il a un chat.
- ☐ 13. Il y a du pain.
- ☐ 14. J'ai faim.
- ☐ 15. Il y a le sac de Catherine ici.

un peu plus ☑

□ さまざまな否定の表現

ne ~ pas の pas を次の語に置きかえるとさまざまな否定の表現になります。

ne ~ plus：もはや～でない

Il *n'*y a *plus* de vin.　もうワインがない。

ne ~ jamais：決して～ない

Tu *n'*es *jamais* content.　君は決して満足しない。

ne ~ rien：何も～ない

Il *n'*y a *rien* dans le panier.　カゴに何もない。

ne ~ personne：誰も～ない

Il *n'*y a *personne* dans la classe.　教室に誰もいない。

ne ~ que...：…しか～ない

Je *n'*ai *que* dix euros.　私は10ユーロしか持っていない。

ヒント

8. une amie は直接目的語？
13. &15. il y a の構文。冠詞に注意。

解答・解説

1. Je veux de la bière. ビールが欲しい。　2. Tu veux être chanteur ? 君は歌手になりたいの？　3. Pierre veut une voiture allemande. ピエールはドイツの車が欲しい。　4. Nous voulons une grande maison. 私たちは大きな家が欲しい。　5. Vous voulez du repos ? 休息したいですか。　6. Sophie et Isabelle veulent être actrices. ソフィとイザベルは女優になりたい。　7. Paul ne veut pas de café. ポールはコーヒーが欲しくない。※ du café の部分冠詞は直接目的語についているので否定の冠詞 de になる。　8. Ce n'est pas une amie. 友だちではありません。※ 属詞につく不定冠詞なので否定の冠詞 de にならない。　9. Tu n'as pas de chance ! 君はついてないね。※ 直接目的語につく部分冠詞。　10. Nous n'avons pas de cours aujourd'hui. 私たちは今日、授業がない。※ 直接目的語につく不定冠詞。　11. Je n'ai pas froid. 私は寒くない。　12. Il n'a pas de chat. 彼は猫を飼っていない。※ 直接目的語につく不定冠詞。　13. Il n'y a pas de pain. パンがない。※ il y a の構文の部分冠詞は否定文では de になる。　14. Je n'ai pas faim. お腹はすいていない。　15. Il n'y a pas le sac de Catherine ici. ここにカトリーヌのカバンはありません。※ 定冠詞は否定文で de にならない。

Pour aller plus loin

否定文にして、訳しましょう。

☐ 1. Florence est sérieuse. _____

☐ 2. Pierre veut du thé vert. _____

☐ 3. Elle a les cheveux blonds. _____

☐ 4. C'est une bonne idée. _____

☐ 5. Thomas veut une pomme. _____

☐ 6. J'ai de la fièvre. _____

☐ 7. Nous avons des amis français. _____

☐ 8. C'est un bon restaurant. _____

☐ 9. Il y a du fromage. _____

☐ 10. Ce sont des motos japonaises. _____

☐ 11. Vous avez de l'appétit. _____

☐ 12. Ils veulent une voiture. _____

☐ 13. C'est une jolie montre. _____

☐ 14. Il y a de l'huile. _____

☐ 15. Il y a des fleurs dans le vase. _____

日本語を参考に適切なフランス語を1語 _____ に書き、文を完成しましょう。

☐ 16. J'_____ _____ .

　　暑いなあ。

☐ 17. Je n'_____ _____ , mais j'_____ _____ .

　　お腹はすいてないけど、のどが渇いた。

☐ 18. Je veux _____ un _____ _____ .

　　子犬を飼いたい。

30

- ❐ 19. Je n'___ ___ ___ monnaie.　小銭がない。
- ❐ 20. Je ___ ___ ___ viande.

   もうお肉はいらない。
- ❐ 21. Ils ___ ___ ___ ___.

   彼らは満足していない。
- ❐ 22. Elle ___ ___.　彼女は眠い。
- ❐ 23. Tu n' ___ ___ ___ ___.　君はついてないな。
- ❐ 24. J' ___ ___ ___ un dictionnaire français-japonais.

   仏和辞典が必要だ。
- ❐ 25. Ce n'est ___.　なんでもないよ。
- ❐ 26. Il n' ___ ___ ___ à la maison.

   家には誰もいません。
- ❐ 27. Il ___ ___ ___ dans la boîte.

   箱の中には何もない。
- ❐ 28. La soupe ___ ___ ___ chaude.

   スープがもう温かくない。
- ❐ 29. Elle ___ ___ ___ courts.　彼女はショートヘアだ。
- ❐ 30. ___ ___ ___.　君の言う通りだ。

❐ avoir 直説法現在の意味と活用形を覚えた。
❐ vouloir 直説法現在の意味と活用形を覚えた。
❐ 部分冠詞の形を覚え、使い方を理解した。
❐ 否定文のつくり方を理解した。
❐ 否定文で冠詞が de (d') になる仕組みを理解した。
❐ 文のなかで直接目的語として機能している語がわかる。
❐ 文のなかで属詞として機能している語がわかる。

Leçon 4

-er 規則動詞（第 1 群規則動詞）直説法現在

活用形はすべての人称に共通の部分である**語幹**（原形の語尾 er の前の部分）と各人称の**語尾**（-e, -es, -e, -ons, -ez, -ent）からできています。

parler （〜を話す）	
je parl**e**	nous parl**ons**
tu parl**es**	vous parl**ez**
il parl**e**	ils parl**ent**
elle parl**e**	elles parl**ent**

Parlez-vous français ?
　あなたはフランス語を話せますか。
Je ne *parle* pas bien l'anglais.
　私は英語を上手に話せません。

aimer （〜を愛する / 好む）	
j' aim**e**	nous aim**ons**
tu aim**es**	vous aim**ez**
il aim**e**	ils aim**ent**
elle aim**e**	elles aim**ent**

J'*aime* Paul.　私はポールを愛している。
Tu *aimes* la musique ?　君は音楽が好き？
〈 **aimer** + 不定詞 〉：〜することを好む
Il *aime* chanter.　彼は歌うことが好きだ。

動詞 savoir 直説法現在

savoir　（〜を知っている）	
je **sais**	nous **savons**
tu **sais**	vous **savez**
il **sait**	ils **savent**
elle **sait**	elles **savent**

Je ne *sais* pas.
　私は知りません / わかりません。
〈 **savoir** + 不定詞 〉：〜することができる(能力)
Elle *sait* nager.　彼女は泳げる。

疑問文

どの動詞も 3 通りの形で疑問文をつくることができます。
(1) 平叙文の文末に《 ? 》をつけます。話すとき文末のイントネーションをあげます（くだけた言い方）。
　Tu aimes les chats ?　君は猫が好きかい？
(2) 文頭に Est-ce que / Est-ce qu' をつけます。
　Est-ce que tu aimes les chats ?
　Est-ce qu'elle* aime les chats ?　　　　　*que はエリジヨンする。

（3）主語と動詞を倒置します。

    Aimez-vous les chiens ?　あなたは犬が好きですか。

        ※動詞のあとにハイフンを入れて主語を置きます。

    Aim*e-t-*elle les chiens ?　彼女は犬が好きですか。

        ※3人称単数の活用語尾が母音字のときは動詞と主語のあいだに **t** を入れます。

肯定・否定疑問文の答え方

疑問文が肯定か否定かによって答え方は次のようになります。

    Tu aimes le sport ?　スポーツは好きですか？

    — ***Oui***, j'aime le sport.　—はい、スポーツは好きです。

    — ***Non***, je ***n'***aime ***pas*** le sport.　—いいえ、スポーツは好きではありません。

    Vous ***n'***êtes ***pas*** étudiant(e) ?　—あなたは学生ではないのですか。

    — ***Si***, je suis étudiant(e).　—いいえ、学生です。

    — ***Non***, je ***ne*** suis ***pas*** étudiant(e).　—はい、学生ではありません。

    ※否定でたずねられた内容を否定するときは Si を用いて「いいえ、〜です」と答え、内容を肯定するときは Non を用いて「はい、〜ではありません」と答えます。

疑問形容詞

関係する名詞の性と数に一致する形を用いて、その名詞の内容が「何」かをたずねる疑問詞です。

	男性	女性
単数	quel	quelle
複数	quels	quelles

    Quel <u>âge</u> avez-vous ?

        あなたは何歳ですか。

    — J'ai vingt ans.

        —私は20歳です。

    Quelle est <u>la capitale</u> de la France ?

        フランスの首都はどこですか（何ですか）。

    — C'est Paris.

        —それはパリです。

基礎練習 1

（　）の動詞を直説法現在にして_____に書き、文を訳しましょう。

- 1. Je _____ dans un restaurant français.（dîner）
- 2. Elle _____ très bien.（chanter）
- 3. Tu _____ conduire ?（savoir）
- 4. Nous _____ à la gare vers midi.（arriver）
- 5. Les enfants _____ dans le jardin.（jouer）
- 6. Paul _____ de la musique.（écouter）
- 7. Vous _____ la télévision le soir ?（regarder）
- 8. Sophie et Marie _____ le musée Picasso.（visiter）
- 9. J'_____ les films américains.（adorer）
- 10. Le père de Paul _____ tard à la maison.（rentrer）
- 11. Vous _____ danser ?（aimer）
- 12. Nous _____ le français.（étudier）
- 13. Émilie _____ dans une banque.（travailler）
- 14. Tu _____ à Paris ?（habiter）
- 15. Les étudiants _____ des livres à la bibliothèque.（chercher）

Tu sais conduire ?

un peu plus ☑

☐ 語幹に変化のある -er 規則動詞

acheter (買う)	appeler (呼ぶ)	préférer (より好む)	envoyer (送る)
j' ach**è**te	j' appe**ll**e	je préf**è**re	j' envo**i**e
tu ach**è**tes	tu appe**ll**es	tu préf**è**res	tu envo**i**es
il/elle ach**è**te	il/elle appe**ll**e	il/elle préf**è**re	il/elle envo**i**e
nous achetons	nous appelons	nous préférons	nous envoyons
vous achetez	vous appelez	vous préférez	vous envoyez
ils/elles ach**è**tent	ils/elles appe**ll**ent	ils/elles préf**è**rent	ils/elles envo**i**ent

commencer (始める)
　je commence, tu commences, il / elle commence,
　nous commen**ç**ons, vous commencez, ils / elles commencent

manger (食べる)
　je mange, tu manges, il / elle mange,
　nous mang**e**ons, vous mangez, ils / elles mangent

ヒント

4. vers midi「正午頃に」
5. 8. & 15. 主語は男性複数または女性複数なので 3 人称 ils / elles の活用。
6. 10. & 13. 主語は男性単数または女性単数なので 3 人称 il / elle の活用。

解答・解説

1. Je dîne... 私はフレンチレストランで夕食をとる。2. Elle chante... 彼女はとても上手に歌う。3. Tu sais conduire ? 君は車の運転できるの？ 4. Nous arrivons... 私たちは昼頃、駅に着きます。5. Les enfants jouent... 子供たちは庭で遊んでいる。 6. Paul écoute... ポールは音楽を聞いている。 7. Vous regardez... あなたは夜テレビを見ますか。 8. Sophie et Marie visitent... ソフィとマリはピカソ美術館を見学する。 9. J'adore... 私はアメリカ映画が大好きだ。10. Le père de Paul rentre... ポールの父親は遅く帰宅する。11. Vous aimez danser ? あなたは踊るのが好きですか。12. Nous étudions... 私たちはフランス語を学んでいる。13. Émilie travaille... エミリは銀行で働いている。14. Tu habites... 君はパリに住んでいるの？ 15. Les étudiants cherchent... 学生たちは図書館で本を探している。

基礎練習 2

次の疑問文を別の 2 通りの疑問文の形にして、指示に従って答え、訳しましょう。
Vous étudiez le français ?

☐ 1. _____
☐ 2. _____
☐ 3. Oui, _____
☐ 4. Non, _____

Il parle anglais ?

☐ 5. _____
☐ 6. _____
☐ 7. Oui, _____
☐ 8. Non, _____

指示にしたがって質問に答え、文を訳しましょう。
Tu n'aimes pas les chiens ?

☐ 9. 質問の内容を否定すると _____ , _____ .
☐ 10. 質問の内容を肯定すると _____ , _____ .

_____ に適切な疑問形容詞を書き、文を訳しましょう。

☐ 11. _____ jour sommes-nous ? — Nous sommes lundi.
☐ 12. _____ est la date d'aujourd'hui ? — C'est le 2 (deux) avril.
☐ 13. _____ pays voulez-vous visiter ? — C'est la France.
☐ 14. _____ animal de compagnie avez-vous ? — J'ai un petit chien.
☐ 15. _____ genre de musique écoutes-tu ? — J'écoute du rock.

un peu plus ☑

☐ 主語が名詞のときの倒置疑問文

名詞はそのままで、名詞を主語人称代名詞に置きかえて動詞と倒置します。

Cette voiture est française ? → Cette voiture est-**elle** française ?

Paul a une voiture ? → Paul a-**t-il** une voiture ?

※3人称単数の活用語尾が母音字のときは動詞と主語のあいだにtを入れます(p.33)。

☐ 曜日 lundi 月　　　mardi 火　　　mercredi 水　　　jeudi 木
　　　vendredi 金　　samedi 土　　dimanche 日

☐ 月　　janvier 1月　　février 2月　　mars 3月　　avril 4月
　　　　mai 5月　　　juin 6月　　　juillet 7月　　août 8月
　　　　septembre 9月　octobre 10月　novembre 11月　décembre 12月

ヒント

6. 3人称単数の活用語尾が母音字のときの倒置疑問で注意することは？
9. &10. Si と Non の使い分けは？
11. ～15. 関係する名詞の性と数は？

解答・解説

1. Est-ce que vous étudiez... ? 2. Étudiez-vous... ? フランス語を学んでいますか。3. Oui, j'étudie（nous étudions）... はい、私（たち）はフランス語を学んでいます。4. Non, je n'étudie pas le.... / Non, nous n'étudions pas le.... いいえ、フランス語を学んでいません。5. Est-ce qu'il parle... ? 6. Parle-t-il anglais ? 彼は英語を話しますか。7. Oui, il parle... はい、彼は英語を話します。8. Non, il ne parle pas anglais. いいえ、彼は英語を話しません。9. 君は犬が好きではないの？ Si, j'aime les chiens. いいえ、私は犬が好きです。10. Non, je n'aime pas les chiens. はい、犬が好きではありません。11. Quel jour... ? 今日は何曜日ですか。—月曜日です。12. Quelle est la date ... ? 今日は何日ですか。—4月2日です。※日付けには定冠詞 le をつけます。13. Quel pays (Quels pays) voulez-vous visiter ? どの国を訪れたいですか。—フランスです。※pays は単複同形なので quel /quels が可能。14. Quel animal de compagnie ... ? どんなペットを飼っていますか。—子犬です。15. Quel genre de musique ... ? どんなジャンルの音楽を聞いているの？—ロックを聞いているんだよ。

Pour aller plus loin

（　）の動詞を直説法現在にして_____に書き、文を訳しましょう。

☐ 1. Ils _____ une baguette et deux croissants.（acheter）

☐ 2. Je _____ chez moi.（déjeuner）

☐ 3. Aujourd'hui, nous _____ la leçon 10.（commencer）

☐ 4. Je _____ rester à la maison.（préférer）

☐ 5. Éric _____ une carte postale à Sylvie.（envoyer）

☐ 6. Nous _____ dans un restaurant italien.（manger）

☐ 7. Est-ce que vous _____ souvent ?（voyager）

☐ 8. Paul _____ toujours des lunettes.（porter）

☐ 9. La mère de Catherine ne _____ pas.（travailler）

☐ 10. Le musée _____ le mardi.（fermer）

日本語を参考に適切なフランス語を１語_____に書き、文を完成しましょう。

☐ 11. _____ langues _____ -vous ?
　　　何語を話せますか（話しますか）。

☐ 12. —Je _____ et anglais.
　　　—私は日本語と英語を話せます（話します）。

☐ 13. Tu _____ _____ _____ ?
　　　君は何歳なの。

☐ 14. —J' _____ vingt _____ .
　　　—私は 20 歳です。

☐ 15. _____ est la _____ d'aujourd'hui ?
　　　今日は何日ですか。

☐ 16. — C'est _____ premier _____ .　—5月１日です。

☐ 17. _____ sommes-nous ?　何曜日ですか。

☐ 18. — _____ .　— 木曜日です。

❏ 19. J' _____ le _____ à l'université.
　　私は大学でフランス語を学んでいます。

❏ 20. Vous n' _____ _____ _____ ?
　　あなた (男) は学生ではありませんか。

❏ 21. — _____, _____ _____ _____.
　　— いいえ、私は学生です。

❏ 22. Tu n' _____ _____ le _____ ?
　　君はスポーツが好きではないの？

❏ 23. — _____, _____ _____ _____ le _____.
　　— はい、スポーツは好きではありません。

❏ 24. _____ _____ de compagnie _____ -vous?
　　どんなペットを飼っていますか。

❏ 25. — _____ _____ _____ _____.
　　— 猫を飼っています。

❏ 26. _____ _____ _____ _____ conduire. 私は運転ができません。

❏ 27. _____ _____ très _____.
　　彼らはダンスがとても上手です。

❏ 28. _____ -vous _____ _____ ? 歌うのが好きですか。

❏ 29. Tu _____ la glace ? アイスクリームは好き？

❏ 30. — _____, j' _____ ça. —はい、大好きよ。

❏ -er 規則動詞直説法現在の活用ができる。
❏ savoir 直説法現在の意味と活用形を覚えた。
❏ 疑問文を 3 通りの形でつくれる。
❏ 肯定疑問文に答えられる。
❏ 否定疑問文に答えられる。
❏ 疑問形容詞の使い方がわかる。

Leçon 5

-ir 規則動詞（第 2 群規則動詞）直説法現在

-er 規則動詞と同じく、語幹（原形の語尾 ir の前の部分）と各人称の語尾（-is, -is, -it, -issons, -issez, -issent）をつけて活用形をつくります。

finir（〜を終える / が終わる）	
je fin**is**	nous fin**issons**
tu fin**is**	vous fin**issez**
il fin**it**	ils fin**issent**
elle fin**it**	elles fin**issent**

Je *finis* ce travail jeudi.
　私はこの仕事を木曜日に終えます。
Le film *finit* à treize heures.
　映画は 13 時に終わります。

動詞 pouvoir 直説法現在

pouvoir（〜できる）	
je **peux**	nous **pouvons**
tu **peux**	vous **pouvez**
il **peut**	ils **peuvent**
elle **peut**	elles **peuvent**

〈 **pouvoir** + 不定詞 〉: 〜することができる
Je *peux* arriver avant midi.
　正午までに着くことができます。
※状況、条件として「〜できる」を表す。

強勢形の人称代名詞

強勢形は「私」「君」「彼」…を表し、下記の使い方があります。

主語	je(j')	tu	il	elle	nous	vous	ils	elles
強勢形	**moi**	**toi**	**lui**	**elle**	**nous**	**vous**	**eux**	**elles**
	私	君	彼	彼女	私たち	あなた (方)、君たち	彼ら	彼女たち

【用法】
（1）主語を強調します。
　　Moi, je suis japonaise.　私は、日本人です。
（2）前置詞とともに用います。
　　Tu veux dîner avec *nous* ?　ぼくたちと夕飯を食べるかい？
（3）C'est の表現とともに用います。
　　C'est monsieur Legrand ? — Oui, c'est *lui*.
　　あちらはルグランさんですか。—はい、彼です。

所有形容詞

所有の対象となる名詞の性・数に一致する形を用いて「私の」「君の」「彼の」…を伝えます。

	男性単数		女性単数		男性・女性複数	
私の	mon	père (adresse)	ma	mère	mes	parents
君の	ton		ta		tes	
彼の / 彼女の	son		sa		ses	
私たちの	notre	père / mère			nos	parents
あなた(方)の / 君たちの	votre				vos	
彼らの / 彼女たちの	leur				leurs	

男性名詞単数の père は ***mon*** père「私の父」、女性名詞単数の mère は ***ma*** mère「私の母」、parents は複数名詞なので「私の両親」は ***mes*** parents になります。

※女性名詞が母音、無音の h で始まるとき、ma / ta / sa ではなく mon / ton / son を使います。
　　mon / ton / son (~~ma / ta / sa~~) adresse　私の / 君の / 彼(女)の住所

指示形容詞

指し示す名詞の性と数に一致する形を用いて「この」「あの」「その」を伝えます。

ce	男性名詞単数	*ce* lac　この / あの / その湖
cet	母音、無音の h で始まる男性名詞単数	*cet* arbre　この / あの / その木
cette	女性名詞単数	*cette* fleur　この / あの / その花
ces	男性・女性名詞複数	*ces* lacs　　*ces* arbres　　*ces* fleurs これら / あれら / それらの湖・木・花

　Ces lunettes sont à * mon père.　このめがねは父のものです。
　　　＊ A être à B : A は B のものである
　Est-ce que *cette* place est libre ?　この席はあいていますか。
　Cet * appartement est grand.　このマンションは広い。
　　　＊ cet / cette［sɛt セット］は次の語頭の母音とアンシェヌマンする。
　　　　　cet arbre［sɛtarbr セタルブル］cette école［sɛtekɔl セテコル］
　　　　ces［se セ］は次の語頭の母音とリエゾンする。ces arbres［sezarbr セザルブル］

基礎練習 1

（　）の動詞を直説法現在にして_____に書き、文を訳しましょう。
- ☐ 1. Tu _____ cette place ?（choisir）
- ☐ 2. Anne _____ (à) ses examens.（réussir）
- ☐ 3. Vous _____ cette fiche.（remplir）
- ☐ 4. Je _____ bien.（réfléchir）
- ☐ 5. Ces enfants n'_____ pas à leurs parents.（obéir）
- ☐ 6. Nous _____ nos devoirs.（finir）
- ☐ 7. Est-ce que je _____ sortir ?（pouvoir）

[　]から適切な強勢形を選び、文を完成して訳しましょう。
- ☐ 8. Tu veux manger avec _____ ?　[nous / vous]
- ☐ 9. _____, il est français.　[Eux / Lui]
- ☐ 10. Ce vélo est à Marie ?　— Oui, il est à _____.　[lui / elle]
- ☐ 11. Allô, c'est toi, Paul ?　— Oui, c'est _____.　[moi / toi]

適切な指示形容詞を_____に書き、文を完成して訳しましょう。
- ☐ 12. _____ été, nous passons les vacances à la montagne.
- ☐ 13. Je rentre tard _____ soir.
- ☐ 14. Est-ce que tu es libre _____ après-midi ?
- ☐ 15. _____ étudiants finissent leurs études _____ année.

un peu plus ☑

□「～もまた同じ」の表現で用いる強勢形

Moi aussi. 肯定で述べられたことに、「私も同じ」であることを伝えます。

Je suis étudiant. — *Moi aussi*.

私は学生です。—私も（私もそうである）。

Moi non plus. 否定で述べられたことに、「私も同じ」であることを伝えます。

Je ne suis pas étudiant. — *Moi non plus*.

私は学生ではありません。—私も（私もそうではない）

ヒント

5. ces enfants を主語人称代名詞にすると？
12. &14. 母音で始まる男性名詞のときは？
15. 名詞 année の性は？

Je peux sortir ?

(解答・解説)

1. Tu choisis... 君はこの席を選ぶ？ 2. Anne réussit... アンヌは試験に合格する。※réussir à ~ / réussir ~ ともに可。3. Vous remplissez... この用紙に記入してください。4. Je réfléchis... よく考えてみるよ。 5. Ces enfants n'obéissent pas... この子たちは両親の言う通りにしない。※ obéir à ~ : ~に従う 6. Nous finissons... 私たちは宿題を終える。7. ... je peux sortir ? 外に出てもいいですか。8.... avec nous ? 私たちと一緒に食べるかい？ 9. Lui, il est... 彼は、フランス人です。10. ... il est à elle. この自転車はマリのですか。—はい、それは彼女のものです。※il は男性名詞単数の vélo をさして「それは」。11. ..., c'est moi. もしもし、ポール、君かい？—はい、ぼくだよ。12. Cet été, nous... この夏、私たちは山でヴァカンスを過ごします。13. ...ce soir. 私は今晩遅く帰ります。14. ... cet après-midi ? 君は今日の午後暇かい？ 15. Ces étudiants... cette année. この学生たちは今年卒業する。※フランス語で「卒業する」は finir / terminer ses études を用いる。

基礎練習 2

日本語を参考にして _____ に所有形容詞を書き、文を完成しましょう。

- ☐ 1. Voici _____ adresse électronique（courriel / e-mail）.
  私の電子メールアドレスです。
- ☐ 2. Voici _____ famille. 私の家族です。
- ☐ 3. Voilà _____ université. 私の大学です。
- ☐ 4. C'est _____（petite）sœur, Akiko. 私の妹のアキコです。
- ☐ 5. C'est _____（grand）frère, Takashi. 私の兄のタカシです。
- ☐ 6. C'est _____ dictionnaire ? 君の辞書かい？
- ☐ 7. _____ professeur est sévère. 私たちの先生は厳しい。
- ☐ 8. _____ passeport, s'il vous plaît. あなたのパスポートを見せてください。
- ☐ 9. Tu as _____ billet ? 君は切符をもっているかい？
- ☐ 10. Je ne trouve pas _____ clés. 私の鍵が見つからない。

適切な所有形容詞を _____ に書いて文を完成し、訳しましょう。

- ☐ 11. C'est le fils de Marie ? — Oui, c'est _____ fils.
- ☐ 12. C'est la fille de Paul ? — Non, ce n'est pas _____ fille.
- ☐ 13. Ce sont les enfants de Sylvie ? — Oui, ce sont _____ enfants.
- ☐ 14. C'est la maison de M. et Mme Dupont ?
  — Oui, c'est _____ maison.
- ☐ 15. Est-ce qu'il y a des examens cette semaine ?
  — Oui. Les étudiants préparent _____ examens.

un peu plus ☑

❏ 所有形容詞の単数と複数の使い分け

(1) 全員でひとつを所有している→単数

Voilà Marie et Sophie, et *leur* mère.

マリとソフィ、そして彼女たちの母親です。

(2) ひとりにひとつのものが想定される→単数

Ils pensent à *leur* avenir.　彼らは彼らの（自分の）将来を考えている。

(3) ひとりひとりが複数のものを所有している→複数

Les mères parlent de *leurs* enfants.

母親たちは彼女たちの（自分の）子供たちについて話している。

ヒント

1. & 3. 女性名詞単数だが注意することは？
2. 名詞 famille の性は？
11. &12. 名詞 fils, fille の性は？
10. 13. &15. 名詞は単数それとも複数？

解答・解説

1. ... mon adresse... ※adresse 母音で始まる女性名詞は ma ではなく mon 。2. ... ma famille. ※「家族」は複数のイメージだが女性名詞単数の famille に合わせる。3. ... mon université. ※1. と同様。4. ... ma (petite) sœur... 5. ... mon (grand) frère... 6. ... ton dictionnaire ? 7. Notre professeur ... 8. Votre passeport... 9. ... ton billet ? 10. ... mes clés. 11. ... son fils. マリの息子ですか。—はい、彼女の息子です。※son / sa / ses は「彼の・彼女の」を表し、所有形容詞のあとにくる名詞の性・数に一致。fils は男性名詞単数なので son になる。12. ... sa fille. ポールの娘ですか。—いいえ、彼の娘ではありません。※fille は女性名詞単数。13. ... ses enfants. シルヴィの子供たちですか。—はい、彼女の子供たちです。14. ... leur maison. デュポン夫妻の家ですか。—はい、彼らの家です。15. ... leurs examens. 今週、試験がありますか。—はい。学生たちは彼らの試験の準備をしています。※examens が複数なので leurs。学生それぞれ複数の試験がある。

Pour aller plus loin

（　）の動詞を直説法現在にして_____に書き、文を訳しましょう。
- ☐ 1. Vous _____ appeler le médecin ?（pouvoir）
- ☐ 2. À quelle heure _____-tu ton travail ?（finir）
- ☐ 3. Nathalie _____ à son pays.（penser）
- ☐ 4. Nous _____ cette maison à un étage.（choisir）
- ☐ 5. Je _____ à la maison : je suis fatiguée.（rester）

[　]から適切な強勢形を選び、文を完成して訳しましょう。
- ☐ 6. [Moi / Vous], je suis japonais.
- ☐ 7. Paul, ces lunettes sont à [lui / toi] ?
- ☐ 8. C'est la sœur de Sophie ? —Oui, c'est [elle / elles].
- ☐ 9. C'est ton frère, sur cette photo ? —Non, ce n'est pas [moi / lui].
- ☐ 10. Nous invitons nos amis à dîner chez [eux / nous].

日本語を参考に適切なフランス語を1語_____に書き、文を完成しましょう。
- ☐ 11. Voici _____ parents.　私の両親です。
- ☐ 12. Vous _____ _____ ?
  あなたのパスポートをお持ちですか。
- ☐ 13. Voilà _____ billet de train.　はい、あなたの切符です。
- ☐ 14. Je téléphone à _____ _____.　母に電話します。
- ☐ 15. _____ _____ _____. Et _____ ?
  ぼくは学生ではありません。あなたは？
- ☐ 16. —_____ _____.　—私もそうです。
- ☐ 17. _____ _____ aussi grande ?
  彼の妹も背が高いの？
- ☐ 18. —_____, _____.　—はい、彼女もそうです。

- ☐ 19. _____ _____ bien ! あなたたち、よく考えるのよ。
- ☐ 20. Vous _____ _____ formulaire. この用紙に記入してください。
- ☐ 21. Les _____ _____ _____ devoirs avant le dîner. 子どもたちは夕食までに宿題を終えます。
- ☐ 22. Est-ce que je _____ _____ la fenêtre ?
  窓を閉めてもいいですか。
- ☐ 23. _____ _____ une tarte comme dessert.
  私はデザートにタルトを選びます。
- ☐ 24. C'est _____ _____ ? これは君のバッグかい。
- ☐ 25. — Non, il n' _____ à _____ .
  —いいえ、私のではありません。
- ☐ 26. Tu _____ _____ week-end ?
  今度の週末、暇かい？
- ☐ 27. _____ _____ occupé _____ semaine.
  彼は今週忙しい。
- ☐ 28. _____ _____ , je _____ _____ études à l'université.
  今年、私は大学を卒業します。
- ☐ 29. _____ _____ , _____ _____ le _____ .
  今日の午後、私たち、美術館を見学するの。
- ☐ 30. _____ _____ _____ :
  この自転車はポールのものです。

- ☐ -ir 規則動詞直説法現在の活用ができる。
- ☐ pouvoir 直説法現在の意味と活用形を覚えた。
- ☐ 強勢形の人称代名詞の使い方がわかる。
- ☐ 所有形容詞が正しく使える。
- ☐ 指示形容詞が正しく使える。

Leçon 6

-er, -ir 規則動詞以外の動詞は**不規則動詞**と呼びます。すでに学んだ être, avoir, vouloir, savoir, pouvoir をはじめ、日常よく使うものをこれから覚えていきましょう。

動詞 faire 直説法現在

faire（〜をする / 作る）	
je **fais**	nous **faisons**
tu **fais**	vous **faites**
il **fait**	ils **font**
elle **fait**	elles **font**

Je *fais* des courses.
　私は（日用品の）買物をします。
Nous *faisons* un gâteau.
　私たちはケーキを作ります。

※ fais, fait, faites の fai は [fɛ フェ] と発音するが、faisons では [f(ə)zɔ̃ フゾン] と発音する。

動詞 mettre 直説法現在

mettre（〜を置く / 着る / 入れる）	
je **mets**	nous **mettons**
tu **mets**	vous **mettez**
il **met**	ils **mettent**
elle **met**	elles **mettent**

Elle *met* une robe blanche.
　彼女は白いドレスを着ます。
Tu *mets* du sucre ?
　砂糖を入れる？

主語人称代名詞 on

主語 on は次の意味で使い、動詞は 3 人称単数（il / elle）の活用形にします。
【用法】
（1）話し言葉で nous「私たちは」の代わりとなる。
　　On commence ?（Nous commençons ?）　始めましょうか。
（2）不特定の人を指して「人は」「人々は」の意味で用いる。
　　On parle français à Montréal.　モントリオールでは（人は）フランス語を話す。
（3）不特定の人を指して「誰かが」の意味で用いる。
　　On frappe à la porte.　誰かがドアをノックしている。

疑問代名詞

「誰」や「何」をたずねる疑問詞です。

人についてたずねる場合　　　　　　　　　　　S：主語　　V：動詞

主語 誰が	直接目的 / 属詞 誰を / 誰	（前置詞と共に）間接目的 / 状況補語 誰に / 誰と、誰について…
qui *+ V	qui + V + S	前置詞 + qui + V + S
qui est-ce qui*+ V	qui est-ce que + S + V	前置詞 + qui est-ce que + S + V

「誰が」　　*Qui* fait la cuisine ?　誰が料理をつくるの。
　　　　　Qui est-ce qui fait la cuisine ?
「誰を」　　*Qui* cherchez-vous ?　あなた(方)は誰を探していますか。
　　　　　Qui est-ce que vous cherchez ?
「誰」　　　*Qui* est-ce ? / C'est *qui* ?　これは誰ですか。
「誰に」　　*À qui* téléphones-tu ?　君は誰に電話するのですか。
　　　　　À qui est-ce que tu téléphones ?
「誰と」　　*Avec qui* dînes-tu ?　君は誰と夕飯を食べるの。
　　　　　Avec qui est-ce que tu dînes ?

もの・事柄についてたずねる場合

主語 何が	直接目的 / 属詞 何を / 何	（前置詞と共に）間接目的 / 状況補語 何に / 何と、何について…
qu'est-ce qui *+ V	que + V + S	前置詞 + quoi + V + S
	qu'est-ce que + S + V	前置詞 + quoi est-ce que + S + V

「何が」　　　　*Qu'est-ce qui* fait ce bruit ?　何がこの音を出してるの。
「何を」　　　　*Que* cherchez-vous ?　あなた(方)は何を探していますか。
　　　　　　　Qu'est-ce que vous cherchez ?
「何」　　　　　*Qu'est-ce que* c'est ? / C'est *quoi* ?　これは何ですか。
「何について」　*À quoi* penses-tu ?　君は何を考えていますか。
　　　　　　　À quoi est-ce que tu penses ?
　　　　　　　De quoi parlez-vous ?　君たちは何について話しているの。
　　　　　　　De quoi est-ce que vous parlez ?

＊主語について「誰が」「何が」をたずねるとき、動詞は3人称単数(il / elle)の活用形にします。

基礎練習 1

（　）の動詞を直説法現在にして_____に書き、文を訳しましょう。

☐ 1. Nous _____ le ménage le matin.（faire）

☐ 2. Je ne _____ plus cette jupe.（mettre）

☐ 3. Ils _____ le lit.（faire）

☐ 4. On _____ cette table dans la salle à manger.（mettre）

☐ 5. Est-ce que vous _____ la cuisine ?（faire）

☐ 6. Elle coupe le pain et elle _____ du beurre.（mettre）

答えを参考にして疑問代名詞を_____に書き、文を訳しましょう。

☐ 7. _____ veut danser avec moi ?

　　— C'est moi.

☐ 8. _____ tu invites à la fête ce soir ?

　　—J'invite Philippe et sa copine.

☐ 9. C'est _____ ?

　　— C'est Sophie, une camarade de classe.

☐ 10. Avec _____ tu déjeunes ?

　　— Avec des copains de fac.

Je ne mets plus cette jupe.

un peu plus ☑
☐ 前置詞の使い方

Il parle (le) français.　彼はフランス語を話します。

Il parle **en** français.　彼はフランス語で話している。

〈 parler à ＋人 〉:「人に」話す

　　Il parle *à* M. Dupont.
　　　　彼はデュポンさんに話している。

〈 parler avec ＋ 人 〉:「人と」話す

　　Il parle *avec* Paul.　彼はポールと話している。

〈 parler de ～ 〉:～について話す

　　Il parle *de* son voyage.　彼は自分の旅行のことを話している。

ヒント

8.＆10. 疑問代名詞のあとは〈主語＋動詞〉の語順。
10.「人」「もの」のどちらをたずねている？

解答・解説

1. Nous faisons... 私たちは午前中、掃除をする。 2. Je ne mets plus... 私はもうこのスカートをはかない。 3. Ils font... 彼らはベッドメーキングをする。 4. On met... このテーブルを食堂に置きましょう。 5. Vous faites... あなた（方）は料理をしますか。 6. ... elle met... 彼女はパンを切ってバターを塗る。 7. Qui / Qui est-ce qui veut... 誰がぼくと踊ってくれるかな。—私よ。 8. Qui est-ce que tu invites... 今晩のパーティーに誰を招待するの。—フィリップと彼のガールフレンド。※〈主語＋動詞〉の語順が続くので est-ce que のつく形。 9. C'est qui？ 誰ですか。—クラスメートのソフィです。 10. Avec qui est-ce que tu déjeunes？ 誰と昼食をとるの。—大学の友達と。※〈主語＋動詞〉の語順が続くので est-ce que のつく形。

基礎練習 2

（　）の動詞を直説法現在にして_____に書き、文を訳しましょう。

- ☐ 1. M. et Mme Martin _____ une promenade.（faire）
- ☐ 2. Vous _____ du lait dans votre café ?（mettre）
- ☐ 3. Je _____ des achats dans ce grand magasin.（faire）
- ☐ 4. Mes grands-parents _____ leurs lunettes pour lire.（mettre）
- ☐ 5. Qu'est-ce que tu _____ ce week-end ?（faire）
- ☐ 6. Nous _____ une heure pour finir ce travail.（mettre）

答えを参考にして疑問代名詞を_____に書き、文を訳しましょう。

- ☐ 7. _____ arrive ?
  — Rien.
- ☐ 8. _____ c'est ?
  — C'est un cadeau pour toi.
- ☐ 9. _____ il étudie ?
  — Il étudie le droit.
- ☐ 10. Avec _____ fait-on ce gâteau ?
  — Avec de la farine, des œufs et du sucre.

un peu plus ☑
☐ faire の用法
（1）職業をたずねる

Qu'est-ce que vous *faites*（dans la vie）?　お仕事は何をなさっていますか。

— Je travaille dans une compagnie d'assurance.　保険会社に勤めています。

（2）スポーツをする / 楽器を弾く / 言語を学ぶ

〈faire + 部分冠詞 + 名詞（スポーツ・楽器・言語）〉

Je *fais du* tennis. / Je *fais de la* guitare. / Je *fais du* français.

私はテニスをします。 / ギターを弾きます。 / フランス語を学んでいます。

（3）天候を表す　　※非人称主語 il (p.81) と共に。

Il *fait* beau / mauvais / chaud / froid.

天気がいい / 天気が悪い / 暑い / 寒い。

ヒント 👉

7. arriver はここでは「起こる」の意味。
8. & 9. 疑問代名詞のあとは〈主語 + 動詞〉の語順。
10.「人」「もの」のどちらについてたずねている？

解答・解説

1. M. et Mme Martin font... マルタン夫妻は散歩をしている。2. Vous mettez... あなたはコーヒーにミルクを入れますか。3. Je fais... 私はこのデパートで買い物をします。4. Mes grands-parents mettent... 私の祖父母は読むのにめがねをかけます。5. Qu'est-ce que tu fais... 今週末、君どうするの。6. Nous mettons... この仕事を終えるのに 1 時間かかる。※〈mettre + 時間の表現 + à / pour + 不定詞〉：～するのに…の時間をかける。7. Qu'est-ce qui arrive ? どうしたの（何が起きているの）。—何でもない。8. Qu'est-ce que c'est ? これは何ですか。—君へのプレゼントだ。9. Qu'est-ce qu'il étudie ? 彼は何を学んでいますか。—法律を学んでいます。※〈主語 + 動詞〉の語順なので est-ce que がつく形。エリジヨンにも注意。10. Avec quoi fait-on... このケーキは何でつくるの。—小麦粉、卵と砂糖で。

Pour aller plus loin

答えを参考にして疑問代名詞を_____に書き、文を訳しましょう。

☐ 1. _____ accompagnez-vous à la gare ?　— Mes amis.

☐ 2. _____ habite ici ?　— Une actrice.

☐ 3. _____ est-ce ?　— C'est ma sœur.

☐ 4. À _____ pensez-vous ?
  　— Je pense à mes parents.

☐ 5. De _____ parlez-vous ?
  　— Nous parlons de notre professeur de français.

☐ 6. _____ cherches-tu ?
  　— Je cherche mon portefeuille.

☐ 7. C'est _____, ton travail ?
  　— Je suis cuisinier.

☐ 8. _____ tombe ?
  　— De la neige !

☐ 9. À _____ penses-tu ?
  　— Je pense à mon avenir.

☐ 10. De _____ vous parlez ?
  　— Nous parlons de nos vacances d'été.

日本語を参考に適切なフランス語を1語_____に書き、文を完成しましょう。

☐ 11. Qu'est-ce qu' _____ _____ ?
  　何をしようか。

☐ 12. Elle _____ _____ chaussures aujourd'hui.
  　彼女は今日、この靴をはく。

❏ 13. Tu _____ _____ _____ confiture ?

　　ジャムつける？

❏ 14. Le _____ , _____ _____ tennis.

　　毎週日曜日、私たちはテニスをしています。

❏ 15. Il _____ _____ ?

　　彼は誰と話しているの。

❏ 16. Les Japonais _____ _____ _____ ?

　　— Avec des baguettes.

　　日本人は何を使って食べますか。— 箸です。

❏ 17. _____ _____ -vous ?

　　お仕事は何をなさっているのですか。

❏ 18. — _____ _____ fonctionnaire.

　　—私は公務員です。

❏ 19. Qu'est-ce que _____ _____ ?

　　君、どうしたの。

❏ 20. Qu'est-ce qu'il _____ _____ ?

　　どうしたの。

　　❏ faire 直説法現在の意味と活用形を覚えた。
　　❏ mettre 直説法現在の意味と活用形を覚えた。
　　❏ 主語人称代名詞 on の使い方を理解した。
　　❏ 「人」についてたずねる疑問代名詞の形と使い方を理解した。
　　❏ 「もの」についてたずねる疑問代名詞の形と使い方を理解した。

Leçon 7

動詞 aller 直説法現在

aller（行く）			
je	vais	nous	allons
tu	vas	vous	allez
il	va	ils	vont
elle	va	elles	vont

Nous *allons* à la gare.
　　私たちは駅に行きます。
Je *vais* très bien.
　　私はとても元気です。

動詞 partir 直説法現在

partir（出発する）			
je	pars	nous	partons
tu	pars	vous	partez
il	part	ils	partent
elle	part	elles	partent

Nous *partons* pour la France.
　　私たちはフランスへ向けて出発します。
Ils *partent* en vacances.
　　彼らはヴァカンスに出かける。
※同型に sortir（外出する）、dormir（眠る）

前置詞 à と定冠詞 le / les の縮約

前置詞 à のあとに続く名詞に定冠詞 le または les がつくとき、à + le と à + les は縮約されてそれぞれひとつの語 **au, aux** になります。

　Je vais *au*（à＋le）cinéma.　　私は映画に行く。
　Je vais à la gare.　　私は駅に行く。
　Je vais à l'école.　　私は学校に行く。
　Je vais *aux*（à＋les）toilettes.　　私はトイレに行く。

近接未来

〈 **aller** + 不定詞 〉：これから～する
【用法】　近い未来の事柄を伝えます。
　Ils *vont partir* en voyage samedi.　　彼らは土曜日に旅行に出かけます。
　　※「～しに行く」の意味でも用います。
　Paul *va chercher** sa fille à l'école.　　ポールは娘を学校に迎えに行く。
　　＊〈 aller chercher + 人 〉：（人）を迎えに行く

疑問副詞

疑問副詞は「いつ」「どこで」などをたずねる疑問詞です。疑問副詞を用いる文は 3 通りの語順が可能です。

> quand いつ

Quand rentres-tu ?　いつ君は帰宅するの。
　疑問副詞のあとに主語と動詞を倒置疑問文の形で続ける。

Quand est-ce que tu rentres ?
　est-ce que を用いた疑問文の形で続ける。

Tu rentres *quand* ?
　主語、動詞のあとに疑問副詞を続ける形。くだけた言い方。

> où どこに、どこへ

Où allez-vous ?　あなた（方）はどこに行くのですか。

Où est-ce que vous allez ?

Vous allez *où* ?

> comment どのように、どのような

Comment allez-vous ?　ごきげんいかがですか。

Comment est-ce que tu vas à Paris ?　君はパリにはどうやって行くの？

Comment est ton professeur de français ?
　君のフランス語の先生はどんな人ですか。

> combien どれだけ

Combien coûte* cette robe ?　このドレスはいくらですか。
　＊ coûter : 値段が〜する

〈 **combien de** ＋ 無冠詞名詞 〉 どれだけの〜

Combien de personne**s*** est-ce qu'il y a dans la salle ?　会場には何人いますか。
　＊数えられる名詞は複数形にする

> pourquoi なぜ

Pourquoi est-elle absente ?　なぜ彼女は欠席しているの。

基礎練習 1

（　）の動詞を直説法現在にして_____に書き、文を訳しましょう。

☐ 1. Ça _____ bien ?

　　— Oui, ça _____. (aller)

☐ 2. Vous _____ à la montagne en hiver ? (aller)

☐ 3. Anne et Thomas _____ souvent le soir.（sortir）

☐ 4. Le bébé _____ bien.（dormir）

☐ 5. Je _____ de la maison à huit heures.（partir）

名詞の性・数に注意して、前置詞 à と定冠詞の正しい形を_____に書き、文を訳しましょう。

☐ 6. Un café _____ lait, s'il vous plaît.

☐ 7. Je vais _____ hôpital.

☐ 8. Sophie fait une tarte _____ pommes.

☐ 9. Tu restes _____ maison ?

☐ 10. J'ai mal _____ ventre.

Le bébé dort bien.

un peu plus ☑

☐ 前置詞 **à** と国名

Il va *au* (à + le) Japon. 彼は日本へ行く。

Il va *aux* (à + les) États-Unis. 彼はアメリカ合衆国へ行く。

Il va *en* France, *en* Angleterre et *en* Iran.

彼はフランス、イギリス、イランに行く。

女性名詞の国名と母音ではじまる男性名詞の国名は à la , à l' ではなく **en** を用いる。

☐ 季節

printemps 男 春　　été 男 夏　　automne 男 秋　　hiver 男 冬

Nous sommes *au* (à + le) printemps / *en* été / *en* automne / *en* hiver.

春 / 夏 / 秋 / 冬です。

※母音、無音の h で始まる季節の語には、à l' ではなく en を用いる。

ヒント🗝

3. & 4. partir と同型の活用形。

8. 名詞は単数それとも複数？

10. avoir mal à ~「~が痛い」

(解答・解説)

1. Ça va bien ? —Oui, ça va. 元気かい？—うん、元気だよ。 2. Vous allez... あなた（方）は冬に山に行きますか。 3. Anne et Thomas sortent... アンヌとトマは夕方よく出かける。※ sortir の現在形 je sors, tu sors, il / elle / on sort, nous sortons, vous sortez, ils / elles sortent 4. Le bébé dort bien. 赤ん坊はよく眠っている。※ dormir の現在形 je dors, tu dors, il / elle / on dort, nous dormons, vous dormez, ils / elles dorment 5. Je pars... 私は 8 時に家を出ます。※ partir de ~ : ~から出発する。 6. Un café au (à + le) lait... カフェオレをひとつお願いします。※この前置詞 à ~ は「~の入った」を表す。 7. Je vais à l'hôpital. 私は病院に行く。 8. Sophie fait une tarte aux pommes. ソフィはリンゴのタルトをつくります。※この à は 6 と同じ。pommes は複数形なので à + les で aux。 9. Tu restes à la maison ? 君は家にいるの？ 10. J'ai mal au (à + le) ventre. 私はお腹が痛い。

基礎練習 2

近接未来にして、訳しましょう。
- ☐ 1. On travaille.

  ....

- ☐ 2. Mes amis arrivent à la gare.

  ....

- ☐ 3. Nous sortons ce soir.

  ....

- ☐ 4. Je fais des crêpes.

  ....

- ☐ 5. Qui chante ?

  ....

答えを参考にして疑問副詞を............に書き、文を訳しましょう。
- ☐ 6. .... partez-vous ?

  — Le 20 juillet.

- ☐ 7. Vous êtes .... ?

  — Nous sommes quatre.

- ☐ 8. .... on mange ?

  — Dans un restaurant chinois.

- ☐ 9. .... elle n'est pas encore là ?

  — Parce que son train est en retard.

- ☐ 10. .... vont vos parents ?

  — Ils vont bien tous les deux.

un peu plus ☑

☐ 性・数の区別がある疑問代名詞

	男性	女性
単数	lequel	laquelle
複数	lesquels	lesquelles

【用法】すでに提示されている同種の人や事物から「誰」「どれ」をたずねるときに用いる。

Lequel de ces bus prenons-nous ?

Lequel de ces bus est-ce que nous prenons ?

あれらのバスのどれに私たちは乗るのですか。

ヒント

7. 人数をたずねる表現。
8. 〈主語＋動詞〉の語順。母音字で始まる主語。
9. (être) en retard :「遅れて（いる）」

解答・解説

1. On va travailler. さぁ、仕事（勉強）しよう。 2. Mes amis vont arriver... 私の友達がまもなく駅に到着する。 3. Nous allons sortir ce soir. 今晩出かけよう。 4. Je vais faire des crêpes. これからクレープをつくります。 5. Qui va chanter ? 誰が歌うの。 6. Quand partez-vous ? いつ出発されますか。—7月20日です。 7. Vous êtes combien ? 何名様ですか。— 4名です。 8. Où est-ce qu'on mange ? どこで食べる。—中国料理店で。 9. Pourquoi elle n'est pas... なぜ彼女はまだいないの。—彼女の（乗っている）列車が遅れているから。 10. Comment vont... ご両親はお元気ですか。— 2人とも元気です。 ※疑問副詞のあとが名詞の主語と動詞だけのとき Comment vont vos parents ? のように〈疑問副詞＋動詞＋主語〉の語順が可能。Comment vos parents vont-ils ? のように主語人称代名詞を用いた倒置の語順も可。tous les deux : 2人とも

Pour aller plus loin

前置詞 à と定冠詞の正しい形を_____に書き、文を訳しましょう。
- ☐ 1. Nous allons _____ aéroport de Narita.
- ☐ 2. Paul veut une glace _____ vanille.
- ☐ 3. On va _____ Champs-Élysées.
- ☐ 4. Elle a mal _____ dents.
- ☐ 5. Ils sont _____ bureau.

答えを参考にして疑問副詞を_____に書き、文を訳しましょう。
- ☐ 6. _____ on fait pour aller au Louvre ?
  — Vous allez tout droit.
- ☐ 7. Tu habites _____ ? — À cinq minutes de l'université.
- ☐ 8. _____ de temps mettez-vous pour finir ce travail ?
  — Je mets une heure.
- ☐ 9. _____ tu ne sors pas avec nous ?
  — J'ai beaucoup de choses à faire.
- ☐ 10. _____ ils peuvent venir chez nous ?
  — Dimanche après-midi.

日本語を参考に適切なフランス語を 1 語_____に書き、文を完成しましょう。
- ☐ 11. _____ _____ -vous ?
  —Le samedi 15 juillet.
  いつ出発なさいますか。—7月15日の土曜日に。
- ☐ 12. Depuis _____ de _____ travaillez-vous ici ?
  — Depuis trois ans.
  どれぐらい前からこちらにお勤めですか。— 3 年前からです。

☐ 13. Depuis _____ est-ce que tu _____ _____ _____ ?

  — _____ _____ .

  君はいつからパリに住んでいるの？ — 4月からです。

☐ 14. _____ _____ -vous à Lyon ?

  — En _____ .

  リヨンにはどうやって行くのですか。 — 車で。

☐ 15. _____ _____ -tu ?

  元気？

☐ 16. Nous _____ le _____ ?

  — _____ _____ _____ .

  何日ですか。— 9月10日です。

☐ 17. _____ _____ _____ _____ .

  列車はまもなく到着します。

☐ 18. _____ est-ce que tu _____ _____ _____ ?

  君はいつフランスに行くの。

☐ 19. _____ _____ -vous vos vacances ?

  ヴァカンスはどちらで過ごすのですか。

☐ 20. Vous _____ _____ ?

  — _____ _____ six.

  何名様ですか。— 6名です。

☐ aller 直説法現在の意味と活用形を覚えた。
☐ partir 直説法現在の意味と活用形を覚えた。
☐ 前置詞 à と定冠詞 le / les の縮約形 au /aux を理解した。
☐ 近接未来の形と使い方を理解した。
☐ 疑問副詞の種類と意味、使い方を理解した。

Leçon 8

動詞 venir 直説法現在

venir（来る）	
je viens	nous venons
tu viens	vous venez
il vient	ils viennent
elle vient	elles viennent

Elle *vient* au bureau à neuf heures.
　彼女は 9 時にオフィスに来ます。
〈 **venir** + 不定詞 〉：〜しにくる
Tu *viens* dîner chez moi ?
　ぼくの家に夕飯食べにくる？
※同型に revenir（戻る）、devenir（〜になる）

動詞 prendre 直説法現在

prendre（〜をとる / 食べる / 飲む / 乗る）	
je prends	nous prenons
tu prends	vous prenez
il prend	ils prennent
elle prend	elles prennent

Je *prends* du café.
　私はコーヒーを飲みます。
Il *prend* le train de dix heures.
　彼は 10 時の列車に乗ります。
※同型に comprendre（理解する）、apprendre（習う）

前置詞 de と定冠詞 le / les の縮約

前置詞 de のあとに続く名詞に定冠詞 le または les がつくとき、de + le、de + les は縮約されてそれぞれひとつの語 **du**, **des** になります。

　Elle rentre *du*（de + le）travail.　彼女は仕事から戻ってきます。
　Elle rentre de la gym.　彼女はジムから戻ってきます。
　Elle rentre de l'église.　彼女は教会から戻ってきます。
　Elle rentre *des*（de + les）courses.　彼女は買物から戻ってきます。

近接過去

〈 **venir de**（**d'**）+ 不定詞 〉：〜したところである
【用法】　近い過去の事柄を伝えます。
　Paul n'est pas là. Il *vient de* sortir.　ポールはいません。出かけたところです。

指示代名詞

	男性	女性
単数	celui	celle
複数	ceux	celles

すでに出た名詞の代わりとなり、その名詞の性・数に一致する形を用います。

【用法】

(1) de を伴って新しい情報を補足し、「〜のそれ」を表す。

　　C'est votre sac ? — Non, c'est *celui* de Sophie.

　　　あなたのバッグですか？　—いいえ、ソフィの（それ）です。

(2) -ci, -là をつけて 2 つのものを区別する。

　　Voici deux robes blanches. Vous préférez *celle-ci* ou *celle-là* ?

　　　2 枚の白いドレスです。あなたはこちらがお好みですか、それともこちらですか。

命令法

命令形は直説法現在 tu, nous, vous の活用形から主語をとってつくります。

※ tu で話す相手には tu の活用から、vous で話す相手には vous の活用からつくります。
　 nous の命令形は相手だけでなく自分も加わって「〜しましょう」の意味になります。

不定詞	faire	écouter	être	avoir
tu で話す相手に	fais	écoute*	sois	aie
nous に対して	faisons	écoutons	soyons	ayons
vous で話す相手に	faites	écoutez	soyez	ayez

　　　＊ tu の命令形は直説法現在の活用語尾が -es, -as で終わるとき s をとります。

肯定命令： *Fais* attention aux voitures !　車に注意しなさい。

　　　　　Partons vite !　すぐに出発しましょう。

　　　　　Écoutez bien !　しっかり聞いて(ください)。

否定命令： *Ne fais pas* de bruit*.　うるさくしないで。

　　　　　Ne sortons pas ce soir.　今晩は出かけないことにしよう。

　　　　　N'ayez pas peur.　怖がらないで(ください)。

　　　　　　　　　　　　　　　　　＊ faire du bruit : 物音をたてる

基礎練習 1

（　）の動詞を直説法現在にして_____に書き、文を訳しましょう。

- ❏ 1. Tu _____ avec nous ?（venir）
- ❏ 2. Je _____ le menu à 40 euros.（prendre）
- ❏ 3. D'où _____-vous ?（venir）
- ❏ 4. Nous _____ de Kyoto.（venir）
- ❏ 5. M. et Mme Martin _____ des vacances au mois d'août. （prendre）
- ❏ 6. Paul _____ une douche.（prendre）

名詞の性・数に注意して、前置詞 de と定冠詞の正しい形を_____に書き、文を訳しましょう。

- ❏ 7. C'est la saison _____ pluies.
- ❏ 8. Tokyo est la capitale _____ Japon.
- ❏ 9. Londres est la capitale _____ Angleterre.
- ❏ 10. Les Martin habitent près _____ mer.

Je prends le menu à 40 euros.

un peu plus ☑

❏ 前置詞 de「～から」と国名

女性名詞の国名と母音ではじまる男性名詞の国名は、de が「～から」の意味のとき de la, de l' ではなく de / d' を用います。

　　Ils viennent *de* France, *d'*Angleterre et *d'*Iran.

　　彼らはフランス、イギリス、イランの出身です。

男性名詞、複数名詞の国名は原則通りです。

　　Il vient du（~~de + le~~）Japon.

　　彼は日本の出身です（から来ている）。

　　Il vient des（~~de les~~）États-Unis.

　　彼はアメリカ合衆国の出身です（から来ている）。

ヒント 🗝

3. de「～から」に続く où が母音なのでエリジョンする。
7. 名詞は単数それとも複数？
9. 母音で始まる名詞。

解答・解説

1. Tu <u>viens</u>... ぼくたちと一緒に来る？ 2. Je <u>prends</u>... 私は40ユーロのコース定食をとります。 3. D'où <u>venez</u>-vous ? あなた（方）はどちらのご出身ですか / どこから来ているのですか。 4. Nous <u>venons de</u>... 私たちは京都の出身です。 5. M. et Mme Martin <u>prennent</u>... マルタン夫妻は8月にヴァカンスをとります。 6. Paul <u>prend</u>... ポールはシャワーを浴びる。 7. C'est la saison <u>des</u>（~~de + les~~）pluies. 梅雨（雨季）です。 8. Tokyo est la capitale <u>du</u>（~~de + le~~）Japon. 東京は日本の首都です。 9. Londres est la capitale <u>de l'</u>Angleterre. ロンドンはイギリスの首都です。 10. Les Martin habitent près <u>de la</u> mer. マルタン一家は海の近くに住んでいます。

基礎練習 2

近接過去にして、文を訳しましょう。
- 1. Je prends le déjeuner.

- 2. Pierre et Marc partent pour Marseille.

指示代名詞を _____ に書き、文を訳しましょう。
- 3. C'est ton sac à dos ? —Non, c'est _____ de Jean.
- 4. Quelles chaussures voulez-vous essayer, _____ ou _____ ?
- 5. Pierre porte une jolie cravate.
  — C'est vrai, mais _____ de Didier est aussi jolie.
- 6. Ce sont vos bagages ? — Non, ce sont _____ de cette dame.

命令形に書きかえて訳しましょう。
- 7. Tu finis vite tes devoirs.

- 8. Tu ne parles pas fort : le bébé dort.

- 9. Nous travaillons bien.

- 10. Vous ne dormez pas en classe.

un peu plus ☑

❏ **tu** の命令形で s をとる動詞

tu の活用形が -es で終わる動詞：-er 規則動詞、ouvrir, offrir (p.80 参照) など。

　Ouvre（tu ouvres）la fenêtre.　窓を開けて。

-as で終わる動詞：aller

　Va（tu vas）chercher le journal.　新聞を取ってきて。

❏ **vous** の命令形の使い分け

vous で話すひとりに：　Soyez calme !　落ち着いてください !
vous で話す複数の人に：Soyez calmes !　落ち着いてください !
tu で話す複数の人に：　Soyez calmes !　落ち着いて !

ヒント

3. 4. & 5. 名詞の性は ton, quelles, une がヒント。
6. bagages 男性名詞。複数で「荷物」の意味。
8. tu の直説法現在の活用語尾が -es のときは？ fort「大きな声で」

（解答・解説）

1. Je viens de prendre... 私は昼食を食べたところです。2. Pierre et Marc viennent de partir... ピエールとマルクはマルセイユに出発したところだ。3. Non, c'est celui de Jean. 君のリュックかい？—いや、ジャンの（それ / リュック）だ。4. ..., celles-ci ou celles-là ? どの靴をはいてみたいですか、こちらですか、それともこちらですか。※目の前にある 2 つを区別しているので日本語ではともに「こちら」。5. ...mais celle de Didier est aussi jolie. ピエールが素敵なネクタイをしているわ。—本当ね、でもディディエの（それ / ネクタイ）も素敵よ。6. ... ceux de cette dame あなたの荷物ですか。—いいえ、あの夫人の（それら / 荷物）です。7. Finis... 宿題をすぐに終えなさい。8. Ne parle pas... 大きな声で話さないの。赤ちゃんが眠っているから。※ tu の活用語尾が -es なので命令形では s をとる。9. Travaillons bien. しっかり仕事（勉強）しよう。10. Ne dormez pas... 授業中に眠らないで（ください）。

Pour aller plus loin

前置詞 de と定冠詞の正しい形を_____に書き、文を訳しましょう。

❒ 1. Le directeur rentre _____ réunion avant midi.

❒ 2. Les feuilles _____ arbres commencent à tomber.

❒ 3. On entend le chant _____ oiseaux.

❒ 4. Où est la clé _____ voiture ?

❒ 5. C'est le musée _____ Louvre.

指示代名詞を_____に書き、文を訳しましょう。

❒ 6. Voici deux modèles d'ordinateur. Tu préfères _____ ou _____ ?

❒ 7. Ma voiture est japonaise, mais _____ de Thomas est allemande.

❒ 8. Quel film est-ce qu'on va voir ?

— « Les parapluies de Cherbourg », _____ de Jacques Demy.

日本語を参考に適切なフランス語を1語_____に書き、文を完成しましょう。

❒ 9. Le train _____ _____ _____.
列車が到着したところです。

❒ 10. _____ _____ _____ en retard.
遅れないように。

❒ 11. _____ _____.
上手に歌うのよ。

❒ 12. _____ du courage.
勇気を出してください。

- ❏ 13. _____ vos _____ .
  ご両親の言うことを聞くんですよ。
- ❏ 14. _____ _____ _____ de bêtises !
  ばかなことしないの！
- ❏ 15. _____ gentils avec Pierre.
  ピエールにやさしくしてあげなさい。
- ❏ 16. Le _____ _____ _____ .
  授業は始まったところです。
- ❏ 17. _____ _____ _____ .
  新聞を取ってきて。
- ❏ 18. Je _____ un _____ pour rentrer _____ bureau.
  私はタクシーに乗って会社から帰る。
- ❏ 19. _____ _____ _____ -vous ?
  あなたはどちらのご出身ですか。
- ❏ 20. _____ _____ _____ .
  私は日本の出身です。

❏ venir 直説法現在の意味と活用形を覚えた。
❏ prendre 直説法現在の意味と活用形を覚えた。
❏ 前置詞 de と定冠詞 le / les の縮約形 du / des を理解した。
❏ 近接過去の形と使い方を理解した。
❏ 指示代名詞の形と使い方を理解した。
❏ 命令法の形と使い方を理解した。

Leçon 9

動詞 voir 直説法現在

voir（〜が見える /〜に会う / わかる）	
je vois	nous voyons
tu vois	vous voyez
il voit	ils voient
elle voit	elles voient

On *voit* bien le mont Fuji d'ici.
ここから富士山がよく見える。
Je *vois* Marie cet après-midi.
今日の午後、マリに会います。
Tu *vois* ？　わかるかい？
※同型に revoir（再会する）

動詞 attendre 直説法現在

attendre（〜を待つ）	
j' attends	nous attendons
tu attends	vous attendez
il attend	ils attendent
elle attend	elles attendent

Ils *attendent* le bus depuis 20 minutes.
彼らは20分前からバスを待っている。
※同型に descendre（降りる）、répondre（答える）
entendre（聞こえる）、vendre（売る）、perdre（失う）

動詞 connaître 直説法現在

connaître（〜を知っている）	
je connais	nous connaissons
tu connais	vous connaissez
il connaît	ils connaissent
elle connaît	elles connaissent

Vous *connaissez* monsieur Legrand ？
ルグランさんをご存知ですか。
※同型に reconnaître（それとわかる）、paraître（〜のようにみえる）、disparaître（消える）

直接目的語の人称代名詞

主語	je（j'）	tu	il	elle	nous	vous	ils	elles
直接目的語	me（m'）	te（t'）	le（l'）	la（l'）	nous	vous	les	
	私を	君を	彼を それを	彼女を それを	私たちを	あなた(方)を 君たちを	彼(女)らを それらを	

動詞（être を除く）のあとに前置詞を介さずに続く名詞を**直接目的語**と呼びます。

 Nous connaissons **monsieur Legrand**. 私たちはルグラン氏を知っています。
 主語 動詞   直接目的語
 S   V   COD（**c**omplément d'**o**bjet **d**irect）

この直接目的語の名詞の代わりとなる代名詞が**直接目的語の人称代名詞**です。多くが「〜を」に対応します。

le（**l'**），**la**（**l'**），**les** は人をさしてそれぞれ「彼を」「彼女を」「彼(女)らを」を表し、事物をさして「それを（男性名詞単数）」「それを（女性名詞単数）」「それらを（複数名詞）」を表します。

直接目的語の人称代名詞は**動詞の前**に置きます。動詞が複数あるときはその名詞が直接目的語となる動詞の前に置きます。

 Où est-ce qu'on attend **Paul et Marie**？ — On **les** attend à la gare.
  どこで**ポールとマリ**を待つの？ —駅で**彼ら**を待とう。
 Où est-ce que tu vas chercher **Paul**？ — Je vais **le** chercher à l'aéroport.
  どこに**ポール**を迎えに行くの。 —空港に**彼**を迎えに行くんだ。

- 肯定命令では動詞のあとにハイフンをつけて置きます。me は moi に変えます。
- 否定命令では動詞の前のままです。

 Où est-ce que je **t'**attends？ どこで**君**を待っていようか。
 — Attends-**moi** devant le cinéma. **ぼく**を映画館の前で待っていて。
 — Ne **m'**attends pas. **ぼく**を待たないでくれ。

基礎練習 1

（　）の動詞を直説法現在にして_____に書き、文を訳しましょう。

☐ 1. Vous _____ ?

　　— Oui, je _____ .（voir）

☐ 2. Nous ne _____ pas Paris.（connaître）

☐ 3. On _____ avec impatience l'ouverture du magasin.（attendre）

適切な直接目的語の代名詞を_____に書き、文を訳しましょう。

☐ 4. Tu aimes François ?

　　— Oui, je _____ aime.

☐ 5. Où est mon passeport ? Je ne _____ trouve pas.

☐ 6. Tu écoutes bien tes parents ?

　　— Bien sûr, je _____ écoute.

☐ 7. Tu nous attends où ?

　　— Je _____ attends à la sortie du métro.

☐ 8. Quand est-ce que vous finissez ce travail ?

　　— Nous _____ finissons avant midi.

☐ 9. Tu prends cette cravate ?

　　— Non, je ne _____ prends pas.

☐ 10. Nous sommes très occupés. Vous pouvez _____ aider ?

un peu plus ☑

☐ **connaître / savoir** の違い

(1) 構文の違い

⟨ **savoir que ~** ⟩：～を知っている　⟨ **savoir + 不定詞** ⟩：～できる（能力）

Je *sais* (~~Je connais~~) que Marie est au Japon.

マリが日本にいるのを知っている。

Je *sais* (~~Je connais~~) nager.　私は泳げる。

(2) 具体的な「場所や人」を知っているときは connaître

Il *connaît* Paris.　彼はパリを知っている。

Je *connais* Alain depuis longtemps.　ぼくはずっと前からアランを知っている。

(3) connaître（経験知）、savoir（能力知）

Je *connais* cette chanson.　この歌を知っている（聞いたことがある）。

Je *sais* cette chanson.　この歌を知っている（歌える）。

(4) 抽象的な事柄を知っているときは connaître も savoir も可能。

Elle *connaît* la vérité. (= Elle sait la vérité.)　彼女は真実を知っている。

ヒント

3. 主語が on のとき、動詞の活用形は？
4. 母音で始まる動詞の前に目的語の代名詞を置くときの注意は？

解答・解説

1. Vous voyez ? ... je vois. わかりますか。―はい、わかります。 2. Nous ne connaissons pas…私たちはパリを知りません。 3. On attend... みんな（人は）その店の開店を首を長くして待っています。 4. ... je l'aime. フランソワが好きなの？―ええ、彼を愛しているの。 5. ... Je ne le trouve pas. 私のパスポートどこかしら。見つからないの。 6. ... je les écoute. 両親の言うことをちゃんと聞いてる？―もちろん聞いてるよ。 7. Je vous attends... 君はどこでぼくたちを待ってるの。―地下鉄の出口で君たちを待ってるよ。 8. Nous le finissons... あなた方はいつこの仕事を終えるのですか。―正午までにそれを終えます。 9. ... je ne la prends pas. このネクタイを買うの？―いいえ、それを買わない。 10. ... Vous pouvez nous aider ? 私たちとても忙しいの。あなた（たち）私たちを手伝ってくれる？

基礎練習 2

( )の動詞を直説法現在、命令形、または不定詞にして＿＿＿＿に書き、文を訳しましょう。

☐ 1. Quand est-ce que je te ＿＿＿＿＿＿ ? (revoir)

　　— À Noël.

☐ 2. Nous ＿＿＿＿＿＿ à la prochaine station. (descendre)

☐ 3. Ce livre vient de ＿＿＿＿＿＿. (paraître)

☐ 4. ＿＿＿＿＿＿ tout de suite à Paul. Il attend ta réponse. (répondre)

☐ 5. Est-ce que tu m' ＿＿＿＿＿＿ ? (entendre)

適切な直接目的語の代名詞を＿＿＿＿に書き、文を訳しましょう。

☐ 6. Vous êtes l'ami de M. et Mme Dublanc ?

　　— Oui. Je ＿＿＿＿ connais depuis longtemps.

☐ 7. Où est notre guide ?

　　— Attendez-＿＿＿＿ ici. Il arrive.

☐ 8. Il y a du vent. Je ferme la fenêtre ?

　　— Non, ne ＿＿＿＿ ferme pas. J'ai chaud.

☐ 9. Tu connais le château de Versailles ?

　　— Non, mais demain je vais ＿＿＿＿ visiter.

☐ 10. Alors, les enfants, écoutez-＿＿＿＿ ! Je ne répète pas !

Je ferme la fenêtre ?

Non, ne la ferme pas.

un peu plus ☑

❏ **voir / regarder** の違い

voir「見える」「自然に目に入ってくる」
regarder「意識して見る」

　　Je *vois* un film au cinéma Odéon.　オデオン座で映画を見る。
　　Je *regarde* un film à la télévision.　テレビで映画を見る。

❏ **entendre / écouter** の違い

entendre「聞こえる」「自然に耳に入ってくる」
écouter「意識して聞く」

　　J'*entends* des bruits.　物音が聞こえる。
　　J'*écoute* les informations à la radio.　ラジオでニュースを聞く。

ヒント 🗝

7. guide「ガイド」
10. Je ne répète pas.「私は繰り返して言いません」原形 répéter。

解答・解説

1. ... je te revois... いつ君にまた会えるかい。―クリスマスに。 2. Nous descendons... ぼくたち次の駅で降りるよ。 3. Ce livre vient de paraître. この本は刊行されたばかりだ（新刊）。 4. Réponds... すぐポールに返事をしなさい。彼は君の返事を待ってる。※ ta réponse なので話し手は相手に tu で話している。 5. ...tu m'entends ? 私の声聞こえる？ 6. ... Je les connais... あなたはデュブラン夫妻の友人ですか。―ええ。私はずっと前から彼らを知っています。 7. Attendez-le ici.... 私たちのガイドさんはどこですか。―ここで彼を待っていてください。彼が来ますから。 8. ... ne la ferme pas... 風があるわ。窓閉める？―いいや、閉めないで。暑いよ。 9. ... je vais le visiter … ヴェルサイユ宮殿を知ってる？―いいえ、でも明日それを見学に行くの。 10. ... écoutez-moi... さあ、みんな（子どもたち）、私の言うことを聞きなさい。繰り返して言いませんよ。

Pour aller plus loin

適切な直接目的語の代名詞を_____に書き、文を訳しましょう。

☐ 1. Quand est-ce que tu viens chez moi ?

— Je _____ vois vendredi.

☐ 2. La clé de la maison, je _____ garde ?

☐ 3. Si tu peux, viens _____ voir ce soir. Je suis libre.

☐ 4. Vous étudiez le japonais ?

— Oui, je _____ étudie depuis six mois.

☐ 5. Maman, j'ai une nouvelle amie à l'école.

— Ah bon ! Alors, invite-_____ à la maison.

☐ 6. Pierre et Marie, restez ici. Je reviens _____ chercher tout de suite.

☐ 7. Ah, c'est une veste à ma taille.

— Vous _____ prenez ?

☐ 8. Elle est jolie, cette robe !

— Tu veux _____ essayer ?

日本語を参考に適切なフランス語を1語_____に書き、文を完成しましょう。

☐ 9. On _____ _____ _____ ! C'est _____ !

海が見えるよ！きれいだよ！

☐ 10. Vous _____ _____ _____ près d'ici ?

この近くのおいしいレストランを知っていますか。

☐ 11. _____ est-ce que je _____ _____ ?

どこで君を待っている？

☐ 12. _____ est-ce que tu _____ _____ ?

いつ彼女に会うの。

- ☐ 13. J'ai beaucoup de choses à faire. Tu _____ ?

  やることがたくさんあるんだ。手伝ってくれる？

- ☐ 14. Je _____ très bien.

  君の声がよく聞こえない。

- ☐ 15. Le _____, je _____ les informations _____ la télé.

  私は、朝、テレビでニュースを見ます。

- ☐ 16. Ce _____, on _____ un _____.

  今晩、ぼくたち映画を見に行くんだ。

- ☐ 17. _____ ce samedi. Je vais présenter à _____.

  この土曜日にぼくの家に来て。君を両親に紹介するから。

- ☐ 18. Je _____ remercie beaucoup.

  どうもありがとうございます。

- ☐ 19. Je _____ accompagne jusqu'à _____.

  君を駅まで送るよ。

- ☐ 20. On _____.

  あなたのお話を伺いましょう。

☐ voir 直説法現在の意味と活用形を覚えた。
☐ attendre 直説法現在の意味と活用形を覚えた。
☐ connaître 直説法現在の意味と活用形を覚えた。
☐ 文の直接目的語の名詞がわかる。
☐ 直接目的語の人称代名詞の形を覚えた。
☐ 直接目的語の名詞を代名詞に置きかえる仕組みを理解した。
☐ 命令形における直接目的語の代名詞の位置を理解した。

Leçon 10

動詞 écrire 直説法現在

écrire（〜を書く）	
j' écris	nous écrivons
tu écris	vous écrivez
il écrit	ils écrivent
elle écrit	elles écrivent

Écrivez votre nom ici.
　ここにあなたの名前を書いてください。
〈 écrire à ＋人 〉：（人）に手紙を書く
Il *écrit* à un ami français.
　彼はフランス人の友達に手紙を書いている。

動詞 dire 直説法現在

dire（〜を言う）	
je dis	nous disons
tu dis	vous dites
il dit	ils disent
elle dit	elles disent

〈 dire A à B 〉：B に A を言う
Dis bonjour à Sylvie.
　シルヴィによろしく言って。

動詞 offrir 直説法現在

offrir（〜を贈る）	
j' offre	nous offrons
tu offres	vous offrez
il offre	ils offrent
elle offre	elles offrent

〈 offrir A à B 〉：B に A を贈る
J'offre ce cadeau à Pierre.
　私はピエールにこのプレゼントを贈ります。
※同型に ouvrir（開ける）

間接目的語の人称代名詞

主語	je（j'）	tu	il	elle	nous	vous	ils	elles
間接目的語	me（m'）	te（t'）	lui		nous	vous	leur	
	私に	君に	彼(女)に		私たちに	あなた(方)に 君たちに	彼(女)らに	

動詞（être を除く）のあとに前置詞 à を介して続く名詞を**間接目的語**と呼びます。

 Je téléphone **à Sophie**. 私はソフィに電話する。
 主語 動詞   間接目的語
 S   V   COI（**c**omplément d'**o**bjet **i**ndirect）

この間接目的語の名詞が「人」を表すとき、**間接目的語の人称代名詞**を用いることができます。多くが「〜に」に対応します。
間接目的語の人称代名詞の位置は直接目的語と同様に**動詞の前**です。

 Qu'est-ce que tu offres **à Anne** pour son anniversaire ?
 — Je *lui* offre un collier.
  アンヌに何をお誕生日にプレゼントするの。—彼女にネックレスを贈るの。

- 肯定命令では動詞のあとにハイフンをつけて置きます。me は moi に変えます。
- 否定命令では動詞の前のままです。

 Quand est-ce que je *te* téléphone ? 君にいつ電話しようか。
 — Téléphone-*moi* vers dix heures. 10 時頃、私に電話して。
 — Ne *me* téléphone pas ce soir. 今晩、私に電話しないで。

非人称構文

行為の主体を示さない主語を非人称主語 il と呼びます。この il を主語にする構文が非人称構文です。

（1）非人称主語 il の活用形しかもたない非人称動詞
 Il pleut aujourd'hui.（pleuvoir） 今日は雨だ。
 Il neige beaucoup dans cette région.（neiger） この地方は雪が多く降る。
 Il faut partir avant midi.（falloir） 正午までに出発しなければならない。
 Il faut de la patience. 忍耐力が必要だ。
 〈 **il faut** + 不定詞 〉：〜しなければならない 〈 **il faut** + 名詞 〉：〜が必要である

（2）非人称主語を用いて非人称構文をつくる一般動詞
 Il fait beau.（faire） 天気がいい。
 Il est sept heures du matin.（être） 午前 7 時です。
 Il est interdit de stationner ici.（être） ここに駐車することは禁止です。
 Il y a des nuages.（avoir） 雲が出ている。
 Il reste encore des places.（rester） まだ席が残っている。

基礎練習 1

（　）の動詞を直説法現在にして＿＿＿に書き、文を訳しましょう。
- ☐ 1. Il ＿＿＿ à sa famille. （écrire）
- ☐ 2. Comment ＿＿＿ -on « bonjour » en japonais ? （dire）
- ☐ 3. Qu'est-ce que nous ＿＿＿ à nos enfants à Noël ? （offrir）

適切な間接目的語の代名詞を＿＿＿に書き、文を訳しましょう。
- ☐ 4. Tu habites près d'ici ?
  　　— Oui, je ＿＿＿ donne mon adresse.
- ☐ 5. Paul fait la fête. Qu'est-ce qu'on ＿＿＿ apporte ?
- ☐ 6. Maman et papa, je vais ＿＿＿ présenter mes amis japonais.

A に適切なものを B から選び、文を完成して訳しましょう。

A	B
☐ 7. Il est interdit　•	•　déjà minuit
☐ 8. Il est　•	•　de vin
☐ 9. Il ne reste plus　•	•　un parapluie
☐ 10. Il faut　•	•　de fumer ici

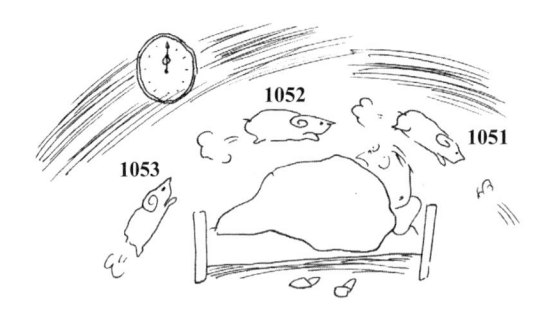

Il est déjà minuit.

un peu plus ☑

☐ 時刻の表現

Quelle heure est-il ? / Vous avez（Tu as）l'heure ?　何時ですか。
— **Il est** une heure.　1時です。　　Il est deux heures.　2時です。
Il est trois heures.　3時です。　　Il est quatre heures.　4時です。
Il est cinq heures.　5時です。　　Il est six heures.　6時です。
Il est sept heures **dix**.　7時10分です。
Il est huit heures **et quart**.　8時15分です。
Il est neuf heures **et demie**.　9時30分です。
Il est dix heures **moins dix**.　10時10分前です。
Il est onze heures **moins le quart**.　11時15分前です。
Il est **midi / minuit**.　正午 / 午前0時です。

ヒント

4. 話し手は相手と tu を用いて話している。
9. ne 〜 plus は否定の表現「もはや〜ない」

(解答・解説)

1. Il écrit... 彼は家族に手紙を書く。 2. Comment dit-on... 日本語で bonjour はなんて言いますか。 3. ... nous offrons... クリスマスに何を子供たちにプレゼントしましょうか。 4. ... je te donne... この近くに住んでいるの？ —そうだよ、君に住所を教えよう。※ donner「与える」は「教える」「渡す」の意味でも用いる。 5. ... on lui apporte... ポールがパーティをするよ。彼に何を持って行こうか。 6. ... je vais vous présenter... ママ、パパ、あなたたちに日本のお友達を紹介するわ。 7. Il est interdit de fumer ici. ここは禁煙です。 8. Il est déjà minuit. もう午前零時だ。 9. Il ne reste plus de vin. もうワインは残っていない。※ il y a の構文と同様に、不定冠詞、部分冠詞は否定文で de になる。Il reste du vin. 10. Il faut un parapluie. 傘が必要だ。

基礎練習 2

（　）の動詞を直説法現在、命令形、不定詞にして_____に書き、文を訳しましょう。

☐ 1. _____ la fenêtre, s'il te plaît.（ouvrir）

☐ 2. Ce supermarché _____ à dix heures.（ouvrir）

☐ 3. C'est pour vous ? — Non, c'est pour _____.（offrir）

☐ 4. Je t' _____ un verre.（offrir）

☐ 5. Qu'est-ce que ça veut _____ ?（dire）

適切な直接目的語または間接目的語の代名詞を_____に書き、文を訳しましょう。

☐ 6. Les enfants, écoutez bien. Sébastien _____ raconte son voyage au Japon.

　　— On peut _____ poser des questions ?

☐ 7. Ces bottes _____ plaisent beaucoup.

　　— Vous voulez _____ essayer ?

☐ 8. Pouvez-vous _____ montrer ce foulard à pois ? Je _____ trouve très joli.

☐ 9. J'ai deux sacs très lourds. Je ne peux plus _____ porter.

　　— Alors, donne- _____ celui-là.

☐ 10. Mes parents viennent _____ voir ce soir. Je vais _____ parler de ma décision.

un peu plus ☑
❑ 2つの目的語代名詞の併用

直接目的語と間接目的語を同時に２つ並べるときは次のようになります。

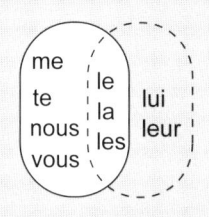

```
me    le
te    la   lui
nous  les  leur
vous
```

Je *te le* prête. 君にそれを貸すよ。

Je *la lui* présente. 彼女を彼(女)に紹介する。

※ me, te, nous, vous と lui, leur を併用しない。

lui, leur は〈à + 強勢形〉にする。

Je *vous* présente **à lui** (à elle / à eux / à elles).

あなたを彼に(彼女に / 彼らに / 彼女たちに)紹介する。

肯定命令は〈動詞 - 直接目的語の代名詞 - 間接目的語の代名詞〉の語順です。

Tu as un joli sac ! Montre-*le*-moi. すてきなバッグ持ってるわね。見せて。

ヒント🗝

3. & 5. 前置詞 pour, 動詞 vouloir のあとにくる動詞の形は？

7. A plaire à B で「A は B の気に入る」

解答・解説

1. Ouvre... 窓を開けてちょうだい。2. Ce supermarché ouvre... このスーパーは10時に開店する。3. ... pour offrir. あなたにですか。—いいえ、贈り物です。4. Je t'offre... 君に一杯おごるよ。5. ... ça veut dire ? どういう意味ですか。6. ... Sébastien nous / vous raconte... — On peut lui poser... みんな、よく聞きなさい。セバスチャンが私（あなた）たちに彼の日本旅行の話をしますよ。—彼に質問してもいいですか。7. Ces bottes me plaisent... — Vous voulez les essayer ? このブーツとても気に入っています。—それらをお試しになりますか。※ plaire の直説法現在（p.90 参照）8. Pouvez-vous me montrer... Je le trouve ... その水玉模様のスカーフを見せていただけますか。とてもきれいだと思うので。※ trouver A B「A を B だと思う」9. ... Je ne peux plus les porter. — Alors, donne-moi... 重たい袋が２つあるの。もう持てないわ。—じゃあ、そっちをぼくに渡して。10. Mes parents viennent me voir... Je vais leur parler... 今晩両親が私に会いに来るの。彼らに私の決意を話すわ。

Pour aller plus loin

適切な直接目的語または間接目的語の代名詞を_____に書き、文を訳しましょう。

☐ 1. Cécile, si nous sommes sages, maman va _____ acheter des jouets.

☐ 2. Alain, ton frère a déjà dix minutes de retard. Prête-_____ ton vélo.

☐ 3. Je te donne mon numéro de téléphone ?
— Oui, donne-_____-_____, s'il te plaît.

☐ 4. Tu connais Cécile ?
— Non. Tu peux _____ la présenter ?

☐ 5. Tu parles souvent avec tes voisins ?
— Non. Je _____ dis bonjour. C'est tout.

A に適切なものを B から選び、文を完成して訳しましょう。

    A　　　　　　　　　　B

☐ 6. Il fait　　　•　　•　d'utiliser son smartphone ici

☐ 7. Il faut　　　•　　•　froid aujourd'hui

☐ 8. Il n'y a plus　•　　•　rentrer tout de suite

☐ 9. Il est interdit •　　•　à Paris depuis ce matin

☐ 10. Il pleut　　•　　•　de nuages

日本語を参考に適切なフランス語を 1 語 _____ に書き、文を完成しましょう。

☐ 11. Qu'est-ce que ça _____ _____ ?
それはどういう意味ですか。

☐ 12. _____ _____ _____ la vérité.
彼女は本当のことを言わない。

- ☐ 13. Je _____ _____ _____ adresse électronique.
  君にぼくのメールアドレスを教えるよ。

- ☐ 14. Tu _____ _____ passer le sel ?
  私に塩をとってくれる？

- ☐ 15. _____ _____ de ma part à _____ _____.
  あなたのご両親に私からよろしくお伝えください。

- ☐ 16. _____-_____ de temps en temps.
  ときどき、私に手紙を書いて。

- ☐ 17. Ça _____ plaît ?
  お気に召しましたか。

- ☐ 18. Je _____ _____ _____ _____ _____.
  あなたにすぐお返事します。

- ☐ 19. Je _____ _____ un _____.
  君にコーヒーをおごるよ。

- ☐ 20. _____-_____ ces _____.
  私にその写真見せて。

☐ écrire 直説法現在の意味と活用形を覚えた。
☐ dire 直説法現在の意味と活用形を覚えた。
☐ offrir 直説法現在の意味と活用形を覚えた。
☐ 文の間接目的語の名詞がわかる。
☐ 間接目的語の人称代名詞の形を覚えた。
☐ 間接目的語の名詞を代名詞に置きかえる仕組みを理解した。
☐ 命令形における間接目的語の代名詞の位置を理解した。
☐ 非人称構文の例と仕組みを理解した。

前置詞のまとめ

時を表す前置詞

à ~「～に」(時刻)　　　**en** ~「～に」(月・年)、「～で」(所要時間)

vers ~「～頃」　　　**avant** ~「～までに、～前に」　　**après** ~「～のあとに」

　Je finis ce travail *à* midi / *en* décembre / *en* une heure / *vers* midi / *avant* midi / *après* le déjeuner.
　　私はこの仕事を正午に / 12月に / 1時間で / 正午頃に / 正午までに / 昼食のあとに終える。

pendant ~「～の間に」　　　**pour** ~「～の予定で」(予定の時期・期間)

depuis ~「～(過去のある時点)から」「～(期間)前から」

　J'habite ici *pendant* un an / *pour* un an / *depuis* avril / *depuis* un an.
　　私はここに1年間 / 1年の予定で / 4月から / 1年前から住んでいます。

de A à B「A から B まで」　　**entre A et B**「A と B のあいだに」

　Je travaille *du* lundi *au* vendredi / *entre* lundi *et* vendredi.
　　私は月曜日から金曜日まで / 月曜日から金曜日のあいだ働いています。

dans ~「～後に」

　Je vais partir *dans* une semaine.　私は1週間後に出発します。

jusqu'à ~「～まで」

　Elle travaille *jusqu'à* dix-huit heures.　彼女は18時まで働いている。

dès ~「～から(すぐに)」

　Les vacances commencent *dès* lundi.　ヴァカンスは月曜日から始まる。

場所を表す前置詞

à ~「～へ / ～で」　　　**en** + 女性名詞の国名「～へ / ～で」　　**de** ~「～から」

　Il va *à* Londres / *au* Japon / *aux* États-Unis / *en* France / *en* Angleterre.
　　彼はロンドンに / 日本に / アメリカ合衆国に / フランスに / イギリスに行く。

　Elle vient *de* Paris / *du* Canada / *des* États-Unis / *de* France / *d'*Allemagne.
　　彼女はパリから / カナダから / アメリカ合衆国から / フランスから / ドイツから来ています（の出身です）。

chez ~「～の家で」　　**dans** ~「～の中に」

　Nous sommes *chez* Isabelle / *dans* la classe.
　　私たちはイザベルの家に / 教室にいる。

sur ~「～の上に」　　**sous** ~「～の下に」

　　Il y a un chat *sur* la table / *sous* la table.　テーブルの上に／下に猫がいる。

devant ~「～の前に」　　**derrière** ~「～の後ろに」

　　Thomas court *devant* / *derrière* Marc.　トマはマルクの前を／後ろを走っている。

de A à B「AからBまで」　　**entre A et B**「AとBのあいだに」

　　Je prends le TGV *de* Paris *à* Lyon / *entre* Paris *et* Lyon.

　　　パリからリヨンまで／パリとリヨンのあいだはTGVに乗ります。

vers ~「～の方へ」(方向)

　　Un garçon vient *vers* nous.　ひとりの青年が私たちの方にやってくる。

jusqu'à ~「～まで」

　　Je vous accompagne *jusqu'à* la gare.　私はあなたを駅までお送りします。

そのほかの前置詞

de ~「～の」(所有)

　　C'est la voiture *de* Paul.　これはポールの車だ。

avec ~「～とともに」

　　Tu viens *avec* moi ?　ぼくと一緒に来る？

pour ~「～のために」(目的)

　　Il va en France *pour* son travail.　彼は仕事でフランスに行く。

en ~ / **à** ~「～で」(交通手段)

　　Je vais à la fac *en* train / *à* vélo / *à* pied.　大学に電車で／自転車で／徒歩で行く。

en ~「～でできた」(材質)

　　Il porte un blouson *en* cuir.　彼は革ジャンを着ている。

par ~「～につき」(配分)

　　J'ai trois cours *par* jour.　私は一日に授業が3つある。

sur ~「～に対して」(比率)

　　Ce magasin est ouvert sept jours *sur* sept.　この店は年中無休です。

sans ~「～なしに」

　　Je prends du café *sans* sucre.　私は砂糖なしでコーヒーを飲む。

contre ~「～に対して」(対立)

　　Il est en colère *contre* moi.　彼は私に対して怒っている。

89

Leçon 11

動詞 plaire 直説法現在

plaire (気に入る)	
je plais	nous plaisons
tu plais	vous plaisez
il plaît	ils plaisent
elle plaît	elles plaisent

〈 plaire à ~ 〉：~の気に入る
Ces histoires *plaisent* aux enfants.
　　これらのお話は子どもたちのお気に入りです。

代名動詞

代名動詞は主語と同じ人・ものをさす**再帰代名詞 se** をともなう動詞です。
再帰代名詞は人称によって me / te / se / nous / vous / se と変化します。

se coucher (寝る)			
je me couche	nous nous couchons
tu te couches	vous vous couchez
il se couche	ils se couchent
elle se couche	elles se couchent

me, te, se は、母音、無音の h で始まる動詞の前ではエリジョンして m', t', s' となります。

s'inquiéter (心配する)	
je m'inquiète	nous nous inquiétons
tu t'inquiètes	vous vous inquiétez
il s'inquiète	ils s'inquiètent
elle s'inquiète	elles s'inquiètent

※ inquiéter は préférer と同型（p.35 参照）。

【再帰代名詞の用法と意味】
(1) 再帰的（自分を・自分に）　※主語の行う行為が主語に帰ってくる。
　　Elle *se couche* à minuit.　彼女は午前零時に**寝る**（自分を寝かせる）。
　　（Elle couche sa fille.　彼女は自分の娘を寝かせる）
　　Elle *s'achète* un gâteau. 彼女はケーキを**自分(のため)に買う**。
　　（Elle achète un gâteau à ses enfants.　彼女はケーキを子どもたちに買う）
(2) 相互的用法（お互いに）　※複数を表す主語の行為が相互的に行われる。
　　Ils *se regardent*.　彼らはお互いに見つめ合っている。
　　Nous *nous téléphonons* chaque soir.　私たちは毎晩互いに電話し合っています。
(3) 受動的用法（〜される）　※主語は事物を表す。
　　Le français *se parle* en Belgique.　フランス語はベルギーで話されている。
(4) 本質的用法　※代名動詞の形でのみ使われる動詞。
　　Je *me souviens* de toi.　ぼくは君のことを覚えている。

◆ 否定形

je	ne	m'inquiète	pas	nous	ne	nous inquiétons	pas
tu	ne	t'inquiètes	pas	vous	ne	vous inquiétez	pas
il	ne	s'inquiète	pas	ils	ne	s'inquiètent	pas
elle	ne	s'inquiète	pas	elles	ne	s'inquiètent	pas

◆ 疑問形
　　Ils se couchent ?　　Est-ce qu'ils se couchent ?　　Se couchent-ils ?
◆ 肯定命令
　　主語をとり、動詞から始め、再帰代名詞は動詞のあとにハイフンをつけて置く。
　　te は toi にする。
　　（tu で話す相手に）　　Couche*-*toi*.　寝なさい。
　　（nous に対して）　　　Couchons-nous.　寝ましょう。
　　（vous で話す相手に）　Couchez-vous.　寝て（ください）。
◆ 否定命令
　　否定文の主語をとる。
　　Ne t'inquiète* *pas*.　心配しないで。
　　Ne nous inquiétons *pas*.　心配しないでおこう。
　　Ne vous inquiétez *pas*.　心配しないで（ください）。＊語尾-esのsをとる(p.65参照)。

基礎練習 1

( ) の動詞を直説法現在にして_____に書き、文を訳しましょう。

☐ 1. Elles me _____, ces chaussures.（plaire）

☐ 2. Ce film _____ aux enfants.（plaire）

( ) の代名動詞を直説法現在または不定詞にして_____に書き、文を訳しましょう。

☐ 3. Tu _____ comment ?（s'appeler）

☐ 4. Je _____ vers minuit.（se coucher）

☐ 5. Ma grand-mère _____ tôt le matin.（se lever）

☐ 6. Vous _____ de votre voyage en France ?
　　　　　　　　　　　　　　　　　　　　（se souvenir）

☐ 7. Cécile et Éric _____ dans le jardin.（se promener）

☐ 8. Nous allons _____ en juin.（se marier）

☐ 9. On _____ depuis longtemps.（se connaître）

☐ 10. Ce livre _____ bien.（se vendre）

Elles me plaisent, ces chaussures.

un peu plus ☑

☐ 不定詞における再帰代名詞

代名動詞を不定詞で用いるとき、再帰代名詞は主語に合わせる。

Je vais *me* coucher.　私はもう寝ます。

〈aller +不定詞〉：近接未来

Nous venons de *nous* promener.　私たちは散歩してきたところだ。

〈venir de +不定詞〉：近接過去

Tu ne veux pas *te* promener ?　散歩したくないの？

〈vouloir +不定詞〉

ヒント

3. 語幹に注意する -er 規則動詞。p.35 の un peu plus を参照。
5. acheter と同型（p.35 参照）。
6. venir と同型（p.64 参照）。
7. acheter と同型（p.35 参照）。
8. 再帰代名詞の形は上記の un peu plus を参照。
10. attendre と同型（p.72 参照）。

(解答・解説)

1. Elles me plaisent, ces chaussures. 私はこの靴が気に入っている。※ Elles は ces chaussures（女・複）。2. Ce film plaît aux enfants. この映画は子どもたちのお気に入りです。3.Tu t'appelles comment ? 君はなんという名前なの？ 4. Je me couche vers minuit. 私は午前零時頃ベッドに入ります。5. Ma grand-mère se lève tôt le matin. 私の祖母は朝早く起きます。6. Vous vous souvenez de votre voyage en France ? あなた(方)はフランス旅行を覚えていますか。7. Cécile et Éric se promènent dans le jardin. セシルとエリックは庭園を散歩しています。8. Nous allons nous marier en juin. 私たちは6月に結婚します。※近接未来の文。不定詞の se は主語に合わせて nous に変えること。9. On se connaît depuis longtemps. 私たちはずっと前から知り合いです。※ on はここでは「私たちは」の意味。10. Ce livre se vend bien. この本はよく売れている。※再帰代名詞は受け身の意味。

基礎練習 2

( ) の代名動詞を直説法現在にして_____に書き、文を訳しましょう。

☐ 1. Je _____ à la politique. (ne pas s'intéresser)

☐ 2. Elle _____ avant d'aller à la soirée. (se maquiller)

☐ 3. Mes frères _____ toujours de moi. (se moquer)

命令形にして、訳しましょう。
　例：Vous vous couchez. → Couchez-vous.

☐ 4. Vous vous reposez un peu.

　→ _____

☐ 5. Nous nous dépêchons.

　→ _____

☐ 6. Tu te laves les mains.

　→ _____

☐ 7. Tu t'habilles vite.

　→ _____

☐ 8. Nous nous amusons bien.

　→ _____

☐ 9. Vous ne vous inquiétez pas.

　→ _____

☐ 10. Vous vous asseyez.

　→ _____

un peu plus ☑

☐ se laver

再帰代名詞は se laver のように文の構造によって直接目的語（自分を）となる場合と間接目的語（自分に）になる場合がある。

　se laver：自分の体を洗う（自分を洗う）→ 直接目的語
　se laver les cheveux：自分の髪の毛を洗う
　　　　　　　　　　　（自分における髪の毛を洗う）→ 間接目的語

※自分の体に行為がおよぶとき、所有形容詞は用いずに再帰代名詞で表す。
　Je *me lave* les cheveux.　　私は（自分の）髪の毛を洗う。
　（Je lave ~~mes cheveux~~.）

※描写のときは所有形容詞を用います。
　Mes cheveux sont longs.　　私の髪の毛は長い。

ヒント 🗝

1. 代名動詞における ne と pas の位置は？
6. & 7. tu に対する命令形で、再帰代名詞の形は？
10. 原形は s'asseoir

解答・解説

1. Je ne m'intéresse pas à la politique. 私は政治に興味がない。2. Elle se maquille avant... 彼女はパーティーに行く前に化粧をする。3. Mes frères se moquent toujours de moi. 私の兄弟はいつも私をばかにする。4. Reposez-vous un peu. 少し休んで（ください）。5. Dépêchons-nous. 急ぎましょう。6. Lave-toi les mains. 手を洗いなさい。※tu の活用語尾が -es のとき命令形では s をとる。7. Habille-toi vite. さっさと服を着なさい。※ 6. と同様、s をとる。8. Amusons-nous bien. たっぷり楽しみましょう。9. Ne vous inquiétez pas. 心配しないで（ください）。10. Asseyez-vous. 座って（ください）。※ s'asseoir 座る：je m'assieds, tu t'assieds, il / elle / on s'assied, nous nous asseyons, vous vous asseyez, ils / elles s'asseyent

Pour aller plus loin

[　]から適切な代名動詞を選び、直説法現在または不定詞にして_____に書き、文を訳しましょう。同じ動詞を2回使わないこと。

[se lever   se téléphoner   s'intéresser   se marier   se parler]

❏ 1. François et Valérie _____ chaque soir.

❏ 2. Le français _____ au Canada.

❏ 3. Je vais _____ avec Pierre.

❏ 4. Tu _____ à l'art moderne ?

❏ 5. Vous _____ à quelle heure ?

[se coucher   s'aimer   se vendre   se souvenir   se connaître]

❏ 6. Tu _____ de moi ?

❏ 7. Nous _____ depuis notre enfance.

❏ 8. Ces livres _____ bien.

❏ 9. Paul ne _____ pas avant minuit.

❏ 10. Isabelle et Olivier ne _____ plus.

日本語を参考に適切なフランス語を1語_____に書き、文を完成しましょう。

❏ 11. Vous _____ _____ _____ ?
　　　お名前は何ですか。

❏ 12. Les enfants, _____-_____ ! Il est déjà dix heures.
　　　子どもたち、寝なさい。もう10時ですよ。

❏ 13. Tu es en retard. _____-_____ !
　　　遅いわよ。急ぎなさい！

❏ 14. Ne _____ _____.
　　心配しないで。

❏ 15. _____ - _____ sur les quais de la Seine.
　　セーヌ川の岸辺を散歩しましょう。

❏ 16. _____ - _____ bien.
　　たっぷりと楽しんでください。

❏ 17. Thomas, _____ - _____.
　　トマ、起きなさい。

❏ 18. Vous _____ _____ à _____ ?
　　何に興味がありますか。。

❏ 19. _____ - _____ bien.
　　しっかり体を休めてください。

❏ 20. _____ - _____, je vous en prie.
　　どうぞお座りください。

❏ plaire 直説法現在の意味と活用形を覚えた。
❏ 代名動詞の直説法現在の活用ができる。
❏ 代名動詞を否定形で活用できる。
❏ 代名動詞の例を8つ以上あげることができる。
❏ 代名動詞の肯定命令、否定命令の形がわかる。

Leçon 12

動詞 lire 直説法現在

lire (読む) [lu]	
je lis	nous lisons
tu lis	vous lisez
il lit	ils lisent
elle lit	elles lisent

Vous *lisez* le journal le matin ?
　朝、新聞を読みますか。
Elle aime *lire*.
　彼女は読書が好きだ。

直説法複合過去 (1)

助動詞 (avoir 直説法現在) + 過去分詞

finir (〜を終える) の直説法複合過去

j' ai fini	nous avons fini
tu as fini	vous avez fini
il a fini	ils ont fini
elle a fini	elles ont fini

他動詞 (直接目的語をとる動詞) と大部分の自動詞は avoir を助動詞にします。

基本の過去分詞

-er 規則動詞：visit*er* 訪れる → visit*é*　　-ir 規則動詞：fin*ir* 終える → fin*i*

不規則動詞
être 〜である → été　　avoir 持つ → eu　　faire する → fait
prendre とる → pris　　mettre 置く → mis　　voir 会う → vu

◆ 否定形

複合過去の否定形は助動詞を ne と pas ではさみます。

je n'ai pas fini	nous n'avons pas fini
tu n'as pas fini	vous n'avez pas fini
il n'a pas fini	ils n'ont pas fini
elle n'a pas fini	elles n'ont pas fini

◆ 疑問形

3通りのつくり方があります。

（1）平叙文の文末に《 ? 》をつけます。話すとき文末のイントネーションをあげます。

　　Vous *avez fini* vos devoirs ?　　宿題を終えましたか。

（2）文頭に Est-ce que / Est-ce qu' をつけます。

　　Est-ce que vous *avez fini* vos devoirs ?

（3）倒置（助動詞と主語を倒置して過去分詞を置きます）

　　Avez-vous *fini* vos devoirs ?

【用法】

（1）過去に起きた行為、事柄を完了したこととして伝えます（出来事）。

　　Nous *avons visité* Paris hier / il y a trois jours / la semaine dernière / le mois dernier / l'année dernière.
　　　　私たちは昨日 / 3日前に / 先週 / 先月 / 去年、パリを訪れました。

（2）現時点の状況につながる過去の完了した行為、事柄を伝えます（経験・結果）。

　　Je n'*ai* jamais *visité* la France.
　　　　私は一度もフランスを訪れたことがない。

　　Il dort encore : il *a travaillé* jusqu'à trois heures du matin.
　　　　彼はまだ寝ている、朝の3時まで仕事をしていたので。

（3）期間が限定された過去の継続的な行為、事柄を伝えます。

　　Paul *a habité* au Japon pendant deux ans.　　ポールは日本に2年間住んでいた。

　　その他の過去分詞 ①（助動詞は **avoir**）

attendre 待つ	→ **attendu**	connaître 知る	→ **connu**
écrire 書く	→ **écrit**	dire 言う	→ **dit**
offrir 贈る	→ **offert**	plaire 気に入る	→ **plu**
vouloir 欲する	→ **voulu**	savoir 知る	→ **su**
pouvoir できる	→ **pu**	pleuvoir 雨が降る	→ **plu**

基礎練習 1

（　　）の動詞を 1 は直説法現在に、2 は vous に対する命令形にして .... に書き、文を訳しましょう。

- ☐ 1. Il .... beaucoup.（lire）
- ☐ 2. .... le texte à la page cinquante.（lire）

（　　）の動詞を直説法複合過去にして .... に書き、文を訳しましょう。

- ☐ 3. J' ....

    Tu ....

    Il ....

    Elle ....

    Nous .... le français.（étudier）

    Vous ....

    Ils ....

    Elles ....

- ☐ 4. Qu'est-ce que vous .... hier ?（faire）
- ☐ 5. J' .... la télé à la maison.（regarder）
- ☐ 6. J' .... de la musique.（écouter）
- ☐ 7. J' .... un beau manteau dans une boutique.（acheter）
- ☐ 8. Nous .... au foot.（jouer）
- ☐ 9. Nous .... dans un restaurant.（manger）
- ☐ 10. Nous .... un gâteau d'anniversaire à la pâtisserie.（choisir）

un peu plus ☑

☐ 助動詞 avoir を用いる複合過去における過去分詞の一致
複合過去で avoir を助動詞にする動詞の過去分詞は動詞の前に置かれた直接目的語の性・数に一致する。

Elle **a invité** Marie et Sophie ?（直接目的語は女性・複数）
彼女はマリとソフィを招待しましたか。
— Oui, elle **les*** a invité**es**. ＊直接目的語の代名詞は動詞の前に置く。
—はい、彼女たちを招待しました。（動詞の前の直接目的語の性・数に一致する）

ヒント

3. & 5. ~ 9. -er 規則動詞の過去分詞は？
4. faire の過去分詞は？
10. -ir 規則動詞の過去分詞は？

Nous avons choisi
un gâteau d'anniversaire
à la pâtisserie.

解答・解説

1. Il lit... 彼は本をたくさん読んでいる。 2. Lisez le texte... 50 ページのテキストを読んでください。 3. J'ai étudié le français. / Tu as étudié... / Il a étudié... / Elle a étudié... / Nous avons étudié... / Vous avez étudié... / Ils ont étudié... / Elles ont étudié... 私は / 君は / 彼は / 彼女は / 私たちは / あなた（方）は・君たちは / 彼らは / 彼女たちはフランス語を勉強しました。 4. Qu'est-ce que vous avez fait hier ? 昨日は何をしましたか。 5. J'ai regardé la télé... 私は家でテレビを見ました。 6. J'ai écouté de la musique. 私は音楽を聞きました。 7. J'ai acheté un beau manteau... 私はブティックで素敵なコートを買いました。 8. Nous avons joué au foot. 私たちはサッカーをしました。※ jouer à ~：（スポーツなど）をする 9. Nous avons mangé... 私たちはレストランで食事をした。 10. Nous avons choisi un gâteau d'anniversaire... 私たちはケーキ屋でお誕生日ケーキをを選びました。

101

基礎練習 2

直説法現在の文を直説法複合過去にして訳しましょう。

☐ 1. Je prends un sorbet au citron comme dessert.

→ ....

☐ 2. Qu'est-ce qu'ils disent, tes parents ?

→ ....

☐ 3. Nous offrons un jeu vidéo à notre fils à Noël.

→ ....

☐ 4. Tu mets combien de temps pour préparer ton exposé ?

→ ....

☐ 5. Il ne perd pas son chemin.

→ ....

(　) の動詞を直説法複合過去にして .... に書き、文を訳しましょう。

☐ 6. Nous .... ce film la semaine dernière.（déjà voir）

☐ 7. Hier, il .... toute la journée.（pleuvoir）

☐ 8. Je .... à la lettre de Paul.

（ne pas encore répondre）

☐ 9. Qu'est-ce que vous .... pendant les vacances ?（lire）

☐ 10. Didier, où est-ce que tu .... Akiko ?

— Je l' .... à Paris.（connaître）

un peu plus ☑

☐ 複合過去における副詞の位置

déjà / encore / bien / mal / beaucoup などの副詞は一般に過去分詞の前に置く。

Tu as *déjà* fini ton travail ?　君はもう仕事終わった？

Je n'ai pas *encore* visité le musée du Louvre.
　まだルーブル美術館を訪れていない。

J'ai *bien* mangé.　私は十分食べた。

Elle a *mal* dormi.　彼女はよく眠れなかった。

Il a *beaucoup* travaillé.　彼はたくさん仕事をした。

ヒント

5. 原形は perdre。attendre（p.72 参照）と同型。

5. & 8. 複合過去の否定文における ne と pas の位置は？

6. & 8. 副詞の位置は上記の **un peu plus** を参照。

7. toute la journée「一日中」

10. 直接目的語が動詞の前にあるときの過去分詞の形は？

解答・解説

1. J'ai pris... 私はデザートにレモンシャーベットをとりました。2. Qu'est-ce qu'ils ont dit, ... 君の両親はなんて言ったの。3. Nous avons offert... 私たちはクリスマスにテレビゲームを息子にプレゼントした。4. Tu as mis... 君は君の発表を準備するのにどれくらい時間がかかった？ 5. Il n'a pas perdu... 彼は道に迷わなかった。6. Nous avons déjà vu ce film... 私たちはすでに先週その映画を見ました。7. Hier, il a plu... きのうは一日中雨が降った。8. Je n'ai pas encore répondu... 私はポールの手紙にまだ返事をしていない。9. Qu'est-ce que vous avez lu pendant... あなた（方）はヴァカンスの間、何を読みましたか。10. Didier, où est-ce que tu as connu Akiko ? ディディエ、君はどこでアキコと知り合ったの？— Je l'ai connue à Paris. ぼくはパリで彼女と知り合った。※助動詞が avoir のとき、過去分詞を動詞の前に置かれた直接目的語に一致させる。アキコを受ける直接目的語の代名詞 la（l'）「彼女を」に一致して、過去分詞に e がつく。

Pour aller plus loin

（　）の動詞を直説法複合過去にして＿＿に書き、文を訳しましょう。

☐ 1. Nous ＿＿＿＿ une réunion de dix heures à midi.（avoir）

☐ 2. Elle ＿＿＿＿ malade pendant une semaine.（être）

☐ 3. Il ＿＿＿＿ une lettre de remerciement à madame Dumont.
　　（écrire）

☐ 4. Je lui ＿＿＿＿ un bouquet de roses.（offrir）

☐ 5. Cet hiver, il ＿＿＿＿ dans cette région.
　　（beaucoup neiger）

☐ 6. Nous ＿＿＿＿ un bruit bizarre.（entendre）

☐ 7. Pierre ＿＿＿＿ de poisson cru.
　　（ne jamais manger）

☐ 8. Tu portes une belle robe !
　　— Merci. Je l'＿＿＿＿ dans une boutique à Paris.（acheter）

☐ 9. Je ne trouve pas ma carte d'étudiant. Où est-ce que je l'＿＿＿＿ ?
　　（mettre）

☐ 10. Tu nous ＿＿＿＿ longtemps ?
　　— Oui ! Je vous ＿＿＿＿ une demi-heure !（attendre）

日本語を参考に適切なフランス語を 1 語＿＿に書き、文を完成しましょう。

☐ 11. Ça m' ＿＿＿＿ ＿＿＿＿ .
　　私、それ、とても気に入ったわ。

☐ 12. Tu ＿＿＿＿ ＿＿＿＿ ＿＿＿＿ ?
　　もう終わったの？

- [ ] 13. Je n'_____ _____ _____ _____ ce film.

    私、まだその映画見てないの。

- [ ] 14. On _____ bien _____.

    私たち、おいしい料理をたっぷり食べました。

- [ ] 15. J' _____ très _____ _____.

    私はとてもよく眠れました。

- [ ] 16. Vous _____ _____ ?

    〔レストランで〕お決まりですか（選びましたか）。

- [ ] 17. Vous _____ _____ ?

    〔レストランで〕おさげしてよろしいですか（終わりましたか）。

- [ ] 18. Elle n' _____ _____ _____.

    彼女は何も言わなかった。

- [ ] 19. Je n' _____ _____ _____ grand-chose.

    たいしたことはしなかった。

- [ ] 20. Vous _____ _____ _____ _____ _____ ?

    楽しいヴァカンスを過ごしましたか。

- [ ] -er 規則動詞と -ir 規則動詞の過去分詞の形を覚えた。
- [ ] être / avoir / faire / prendre / mettre / voir の過去分詞を覚えた。
- [ ] avoir を助動詞にする直説法複合過去の活用ができる。
- [ ] 直説法複合過去を否定形で活用できる。
- [ ] 直説法複合過去の使い方を理解した。

Leçon 13

直説法複合過去 (2)

助動詞 (être 直説法現在) + 過去分詞

venir (来る) の直説法複合過去	
je suis venu(e)	nous sommes venu(e)s
tu es venu(e)	vous êtes venu(e)(s)
il est venu	ils sont venus
elle est venue	elles sont venues

移動の概念をもつ自動詞の複合過去は助動詞に **être** を用います。
助動詞に être を用いるとき、過去分詞は主語の性・数に一致します。

Hier, Paul et Marie *sont venus* chez moi pour fêter mon anniversaire.
きのう、ポールとマリが私の誕生日を祝うために家に来ました。

◆ 否定形

je ne suis pas venu(e)	nous ne sommes pas venu(e)s
tu n' es pas venu(e)	vous n' êtes pas venu(e)(s)
il n' est pas venu	ils ne sont pas venus
elle n' est pas venue	elles ne sont pas venues

◆ 疑問形

Elle *est venue* ? / Est-ce qu'elle *est venue* ? / *Est*-elle *venue* ?

その他の過去分詞 ② (助動詞は **être**)

aller 行く	→ **allé**	venir 来る	→ **venu**
partir 出発する	→ **parti**	arriver 到着する	→ **arrivé**
entrer 入る	→ **entré**	sortir 出る	→ **sorti**
monter 上がる	→ **monté**	descendre 降りる	→ **descendu**
naître 生まれる	→ **né**	mourir 死ぬ	→ **mort**
rester とどまる	→ **resté**	tomber 落ちる	→ **tombé**

mourir

rester

naître

(re)venir
(r)entrer
arriver

aller
sortir
partir

monter
descendre

se coucher

tomber

代名動詞はすべて助動詞に **être** を用います。

se lever（起きる）の直説法複合過去			
je	**me suis levé**(e)	nous **nous sommes levé**(e)s
tu	**t'es levé**(e)	vous **vous êtes levé**(e)(s)
il	**s'est levé**	ils **se sont levés**
elle	**s'est levée**	elles **se sont levées**

Ce matin, Sophie *s'est levée* de bonne heure et elle *s'est promenée* au bord de la mer.　今朝、ソフィは早起きして海辺を散歩しました。

◆ 否定形

je **ne** me suis **pas** levé(e)	nous **ne** nous sommes **pas** levé(e)s
tu **ne** t'es **pas** levé(e)	vous **ne** vous êtes **pas** levé(e)(s)
il **ne** s'est **pas** levé	ils **ne** se sont **pas** levés
elle **ne** s'est **pas** levée	elles **ne** se sont **pas** levées

◆ 疑問形

Elle *s'est levée* ? / Est-ce qu'elle *s'est levée* ? / S'*est*-elle *levée* ?

基礎練習 1

( )の動詞を直説法複合過去にして_____に書き、文を訳しましょう。

☐ 1. Je _____

　　　Tu _____

　　　Il _____

　　　Elle _____

　　　Nous _____ dans un café.（entrer）

　　　Vous _____

　　　Ils _____

　　　Elles _____

☐ 2. Marie, à quelle heure est-ce que tu _____ à la fac ?
　　　　　　　　　　　　　　　　　　　　　　　　　　　（arriver）

☐ 3. Nous _____ faire des achats.（sortir）

☐ 4. Takashi _____ à la gare de Tokyo.（descendre）

☐ 5. Aujourd'hui, nous _____ à la tour Eiffel.
　　　　　　　　　　　　　　　　　　　　　　　（ne pas monter）

☐ 6. Mes amies _____ me voir ce soir.
　　　　　　　　　　　　　　　　　　　　　　　（venir）

☐ 7. Ils _____ en France pour visiter le Mont Saint-Michel.
　　　　　　　　　　　　　　　　　　　　　　　　　　　（aller）

☐ 8. Ma sœur _____ le mois dernier.（naître）

☐ 9. Hier, je _____ à la maison toute la journée.（rester）

☐ 10. Elle _____ en vacances cet été.（ne pas partir）

un peu plus ☑

□ 主語 on と性・数一致

主語 on は on が表す人の性・数に過去分詞を一致させます。nous「私たちは」の代わりとして用いる場合……

男性だけ・男女混合なら s をつける。

On est parti*s* tôt ce matin.　私たちは今朝早く出発した。

女性だけなら es をつける。

On est parti*es* tôt ce matin.　私たちは今朝早く出発した。

ヒント 🔑

2. tu は男性それとも女性？
5. &10. 複合過去否定形の ne と pas の位置は？

解答・解説

1. Je <u>suis entré(e)</u> dans un café. Tu <u>es entré(e)</u>... / Il <u>est entré</u>... / Elle <u>est entrée</u>... / Nous <u>sommes entré(e)s</u>... / Vous <u>êtes entré(e)(s)</u>... / Ils <u>sont entrés</u>... / Elles <u>sont entrées</u>... 私は（女性なら e をつける)/ 君は（女性なら e をつける）/ 彼は / 彼女は / 私たち（女性だけの複数なら es をつける）/ あなたは（女性なら e をつける）あなた方・君たち（女性だけの複数なら es をつける）/ 彼らは / 彼女たちはカフェに入った。 2. ...tu <u>es arrivée</u> à la fac ? マリ、君は何時に大学に着いた？ ※ tu はマリなので女性。過去分詞に e をつける。 3. Nous <u>sommes sorti(e)s</u> faire... 私たちは買い物をしに出かけた。 4. Takashi <u>est descendu</u> à la gare... タカシは東京駅で降りた。 5. ...nous <u>ne sommes pas monté(e)s</u> à la tour... 今日、私たちはエッフェル塔にのぼりませんでした。 6. Mes amies <u>sont venues</u> me voir... 私の友人たちは今晩私に会いに来た。※ amies は女性の友達の複数なので過去分詞に es をつける。 7. Ils <u>sont allés</u> en France pour... 彼らはモン・サン＝ミッシェルを訪れるためにフランスに行きました。 8. Ma sœur <u>est née</u>... 先月、私の妹が生まれました。 9. Hier, je <u>suis resté(e)</u> à la maison... きのうは一日中、家にいました。 10. Elle <u>n'est pas partie</u> en vacances... 彼女はこの夏、ヴァカンスに出かけませんでした。

基礎練習 2

直説法現在の文を直説法複合過去にして訳しましょう。

☐ 1. Le TGV en provenance de Paris entre en gare.
   → ....

☐ 2. Mon grand frère revient du Japon.
   → ....

☐ 3. Sylvie sort du bureau à dix-huit heures.
   → ....

☐ 4. Je me promène dans le jardin avec mon chien.
   → ....

☐ 5. À quelle heure est-ce que tu te couches ?
   → ....

☐ 6. Les touristes japonais se reposent à l'hôtel.
   → ....

☐ 7. Mon fils tombe malade.
   → ....

☐ 8. Nous nous levons tôt.
   → ....

☐ 9. Catherine rentre à la maison.
   → ....

☐ 10. Sophie et Marie, est-ce que vous vous amusez bien dans le parc de loisirs ?
   → ....

un peu plus ☑

☐ 代名動詞の複合過去における過去分詞の一致

代名動詞は再帰代名詞が直接目的語として機能しているときは過去分詞を主語の性・数に一致させます。間接目的語のときは一致しません。

Elle se lave. → Elle s'est lavé*e*.

laver ~ は直接目的語をとるので、se は直接目的語。「彼女は自分の体を洗った」の意味。過去分詞は主語の性・数に一致します。

Elle se lave *les mains*. → Elle s'est lavé *les mains*.

les mains が se laver の直接目的語になり、se は間接目的語。「彼女は自分の手を洗った」の意味。過去分詞の一致はありません。

Ils se téléphonent. → Ils se sont téléphoné.

téléphoner à ~ は間接目的語をとるので、se は間接目的語。「彼らは互いに電話をかけた」の意味。過去分詞の一致はありません。

ヒント

4. 5. 6. 8. & 10. 再帰代名詞は直接目的語。
10. 副詞 bien の位置は？

解答・解説

1. Le TGV en provenance de Paris est entré en gare. パリ発の TGV が駅に入った。 2. Mon grand frère est revenu du Japon. 私の兄が日本から戻ってきた。 3. Sylvie est sortie du bureau... シルヴィは18時にオフィスを出た。 4. Je me suis promené(e) dans... 私は犬と公園を散歩した。 5. À quelle heure est-ce que tu t'es couché(e) ? 君は何時に寝たの？ 6. Les touristes japonais se sont reposés à l'hôtel. 日本人の観光客はホテルで休んだ。 7. Mon fils est tombé malade. 息子が病気になった。 8. Nous nous sommes levé(e)s tôt. 私たちは早く起きた。 9. Catherine est rentrée à la maison. カトリーヌは帰宅した。 10. Sophie et Marie, est-ce que vous vous êtes bien amusées dans... ソフィ、マリ、あなたたちはレジャーランドで十分に楽しみましたか。
※副詞 bien は過去分詞の前に置く。

Pour aller plus loin

（　）の動詞を直説法複合過去にして_____に書き、文を訳しましょう。

☐ 1. Le train _____.
　　　　　　　　　　　　　　　　　　　　（ne pas encore arriver）

☐ 2. Mon smartphone _____ par terre.（tomber）

☐ 3. Catherine _____ en France.（déjà retourner）

☐ 4. Akiko, quand est-ce que tu _____ d'Italie ?（revenir）

☐ 5. Notre chien _____ il y a une semaine.（mourir）

☐ 6. Je _____ à six heures.
　　　　　　　　　　　　　　　　　　　（ne pas se réveiller）

☐ 7. Émilie _____ pour aller jouer dehors.
　　　　　　　　　　　　　　　　　　　（vite s'habiller）

☐ 8. Satoshi et Makiko, vous _____ en Angleterre ?
　　　　　　　　　　　　　　　　　　　（déjà aller）

☐ 9. Nous _____ un mois à Londres pour apprendre l'anglais.（rester）

☐ 10. Les Martin _____ en voyage au mois de mai.（partir）

日本語を参考に適切なフランス語を1語_____に書き、文を完成しましょう。

☐ 11. Saki _____ _____ à sept heures _____ _____.
　　　サキは今朝7時に起きた。

☐ 12. Elle _____ _____ de chez _____ _____ neuf heures.
　　　彼女は9時に家を出た。

☐ 13. Elle _____ _____ _____ la _____ _____ dix heures.
　　　彼女は10時に駅に着いた。

- ☐ 14. Paul _____ à l'heure du rendez-vous.

  ポールは待ち合わせの時間に来なかった。

- ☐ 15. Ils _____ dans le train de dix heures et demie.

  彼らは10時半の列車に乗り込んだ。

- ☐ 16. Ils _____ avec une demi-heure de retard.

  彼らは30分遅れて出発した。

- ☐ 17. Ils _____ _____ _____ _____ de Trouville.

  彼らはトゥルヴィルの駅で降りた。

- ☐ 18. De la gare, ils _____ à _____ _____ à pied.

  彼らは駅から徒歩で海に行った。

- ☐ 19. Ils _____ _____ sur la plage.

  彼らは浜辺を散歩した。

- ☐ 20. Ils _____ _____ _____ _____.

  彼らはたっぷり楽しみました。

- ☐ être を助動詞にして複合過去をつくる動詞を覚えた。
- ☐ venir / partir / descendre / naître /mourir の過去分詞を覚えた。
- ☐ être を助動詞にする直説法複合過去の活用ができる。
- ☐ 過去分詞の一致を理解した。
- ☐ 代名動詞を直説法複合過去で活用できる。

Leçon 14

動詞 croire 直説法現在

croire (思う / 信じる) [cru]	
je crois	nous croyons
tu crois	vous croyez
il croit	ils croient
elle croit	elles croient

Je *crois* qu'ils ont quitté le Japon.
　彼らは日本を離れたと思います。
〈 **croire à** ~ 〉：~の存在を信じる
Cet enfant *croit* au père Noël.
　この子はサンタクロースを信じている。

動詞 boire 直説法現在

boire (飲む) [bu]	
je bois	nous buvons
tu bois	vous buvez
il boit	ils boivent
elle boit	elles boivent

Tu veux *boire* quelque chose ?
　何か飲みたい？

中性代名詞 en

代名詞 en は、名詞が次の場合、この名詞を繰り返さないために使われる代名詞です。目的語の代名詞と同じように、**動詞の前に置きます。**

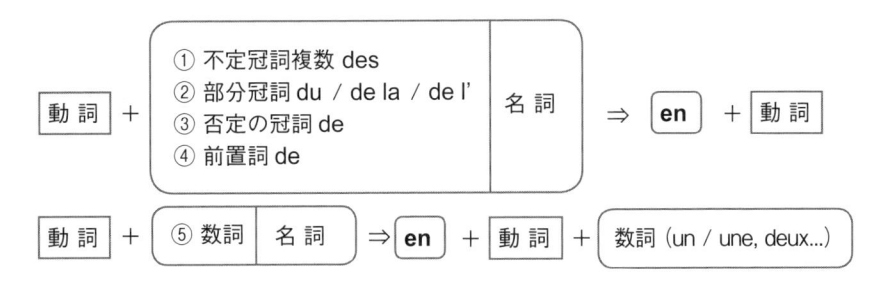

動詞 + ① 不定冠詞複数 des / ② 部分冠詞 du / de la / de l' / ③ 否定の冠詞 de / ④ 前置詞 de + 名詞 ⇒ en + 動詞

動詞 + ⑤ 数詞 名詞 ⇒ en + 動詞 + 数詞 (un / une, deux...)

Où est-ce que tu achètes des légumes ?
— J'*en* achète au supermarché. (= J'achète *des légumes* au supermarché. ①)
　どこで野菜を買うの。—スーパーで買うわ。

Tu as de la monnaie ?

— Oui, j'*en* ai.（= Oui, j'ai *de la monnaie.* ②）

　　小銭持ってる？―うん、持ってるよ。

Avez-vous des frères ?

— Non, je n'*en* ai pas.（= Non, je n'ai pas *de frères.* ③）

　　兄弟はいますか。―いいえ、いません。

Est-ce qu'il y a encore du vin ?

— Oui, il y *en* a un peu.（= Oui, il y a un peu *de*vin.* ④）

　　まだワインある？　―ええ、少しあるわよ。　　　＊ un peu de～：少しの～

Avez-vous des enfants ?

— Oui, j'*en* ai deux.（= Oui, j'ai deux *enfants.* ⑤）

　　お子さんはいますか。―はい、2人います。

※数詞をともなう名詞は名詞だけを en に置きかえて動詞の前に置き、数詞は動詞のあとに置きます。

中性代名詞 y

代名詞 y は、名詞が次の場合、この名詞を繰り返さないために使われる代名詞です。en と同様、動詞の前に置きます。

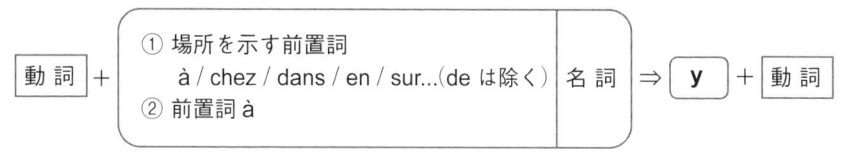

| 動詞 | + | ① 場所を示す前置詞
　　à / chez / dans / en / sur...(de は除く)
② 前置詞 à | 名詞 | ⇒ | y | + | 動詞 |

Comment allez-vous chez Paul ?

— J'*y* vais à pied.（= Je vais *chez Paul* à pied. ①）

　　ポールの家にはどうやって行くのですか。―歩いて（そこへ）行きます。

Tu penses à ton avenir ?

— Oui, j'*y* pense.（= Oui, je pense *à mon avenir.* ②）

　　君は将来のことを考えている？―うん、考えているよ。

基礎練習 1

( ) の動詞を直説法現在にして _____ に書き、文を訳しましょう。

- ☐ 1. Je _____ qu'ils vont bien. (croire)
- ☐ 2. On te _____. (croire)
- ☐ 3. Julie et Émilie _____ du jus d'orange. (boire)
- ☐ 4. Vous _____ trop. (boire)

_____ に中性代名詞 en または y を書いて答えの文を完成し、訳しましょう。

- ☐ 5. Je voudrais des croissants.

    —Vous _____ voulez combien ?

- ☐ 6. Il y a du lait ?

    — Oui, il y _____ a assez.

- ☐ 7. Où est-ce qu'on achète des fruits ?

    — On _____ achète au marché.

- ☐ 8. Tu es à la fac ?

    — Oui. J'_____ reste jusqu'à six heures du soir.

- ☐ 9. Vous allez souvent au cinéma ?

    — Oui, nous _____ allons une fois par semaine.

- ☐ 10. Quand est-ce que vous allez en France ?

    — J'_____ vais ce printemps.

Il y a du lait ?
— Oui, il y en a assez.

un peu plus ☑

❏ 中性代名詞 le
中性代名詞は en / y のほかに le (l') があります。

(1) 属詞の名詞、形容詞の代わりに用います。

 M. Martin est médecin, mais son fils ne *l'*est pas.
       (= son fils n'est pas *médecin*)
  マルタン氏は医者だが、息子はそうではない。

 Marie est grande, mais sa mère ne *l'*est pas.
      (= sa mère n'est pas *grande*)
  マリは背が高いが彼女の母親はそうではない。

(2) 既出の事柄を表します。

 Paul et Sophie se marient en juin. Tu *le* sais ?
     (= Tu sais *que Paul et Sophie se marient en juin*?)
  ポールとソフィが6月に結婚するのよ。そのこと知ってる?

ヒント

5.〈 combien de + 名詞 〉で「〜をいくつ」(p.57 参照)
6.〈 assez de + 名詞 〉で「十分な〜」

解答・解説

1. Je <u>crois</u> que... 彼らは元気だと思います。2. On te <u>croit</u>. 私たちは君(の言うこと)を信じるよ。3. Julie et Émilie <u>boivent</u>... ジュリとエミリはオレンジジュースを飲んでいる。4. Vous <u>buvez</u>... お酒を飲み過ぎですよ。5. Vous <u>en</u> voulez combien ? (Vous voulez combien *de croissants*) クロワッサンをいただきたいのですが。—いくついりますか。6. Oui, il y <u>en</u> a assez. (il y a assez *de lait*) 牛乳ある?—ええ、十分にあるよ。7. On <u>en</u> achète au marché. (On achète *des fruits*...) どこで果物を買おうか。—市場で買いましょう。8. J'<u>y</u> reste... (Je reste *à la fac*...) 大学にいるの?—そうだよ。夕方6時まで(大学に)いるよ。9. Oui, nous <u>y</u> allons... (nous allons *au cinéma*...) あなた方はよく映画に行きますか。—はい、週に1回は(映画に)行っています。10. J'<u>y</u> vais... (Je vais *en France*...) いつフランスに行くのですか。—この春に(フランスに)行きます。

基礎練習 2

質問に中性代名詞 en または y を用いて答え、文を訳しましょう。

☐ 1. Tu as de l'argent sur toi ?

  — Oui, _____.

☐ 2. Est-ce que vous parlez de vos examens ?

  — Oui, _____.

☐ 3. Thomas a une voiture ?

  — Non, _____.

☐ 4. Est-ce qu'il y a encore du fromage ?

  — Non, _____. (ne ~ plus を用いて)

☐ 5. Isabelle travaille toujours à la banque ?

  — Non, _____. (ne ~ plus を用いて)

☐ 6. Il faut combien d'œufs ?

  — _____ deux.

☐ 7. Tu as besoin de ce dictionnaire ?

  — Non, _____.

☐ 8. Les Sato habitent à Paris depuis longtemps ?

  — Oui, _____ depuis dix ans.

☐ 9. Tu assistes au cours de monsieur Martin ?

  — Non, _____.

☐ 10. Tu vas à la mer en été ?

  — Bien sûr, _____.

un peu plus ☑

□ 動詞 penser の使い方

〈 **penser à ~**〉：〜のことを考える

(1) 前置詞 à のあとに「もの、事柄」がくるとき、中性代名詞 y に置きかえることができます。

　　Tu penses à tes examens ? — Oui, j'*y* pense tout le temps.
　　　　　　　　　　　　　　　　（je pense à mes examens）
　　　君は試験のこと考えてる？　ええ、いつもそのことを考えているわ。

(2) 前置詞 à のあとに「人」がくるとき、間接目的語の代名詞ではなく、〈 **à** + 強勢形の代名詞〉にします。

　　Tu penses à Pierre ? — Oui, je pense toujours *à lui*.
　　　　　　　　　　　　（je pense à Pierre）（je lui pense）
　　　君はピエールのこと考えてる？　ええ、いつも彼のことを考えているわ。

ヒント

4. encore は「まだ」の意味。
5. toujours はここでは「相変わらず」の意味。

(解答・解説)

1. Oui, j'en ai sur moi. (j'ai *de l'argent...*) お金を持ち合わせてる？—うん、持ってるよ。 2. Oui, nous en parlons / j'en parle. (nous parlons *de nos examens* / je parle *de mes examens*) あなた（方）/ 君たちは試験のことを話しているのですか。—はい、その話をしています。 3. Non, il n'en a pas. (il n'a pas *de voiture*) トマは車持ってる？—いや、持ってない。 4. Non, il n'y en a plus. (il n'y a plus *de fromage*) まだチーズある？—いいえ、もう（それ）ないよ。 5. Non, elle n'y travaille plus. (elle ne travaille plus *à la banque*) イザベルは相変わらず銀行に勤めているのですか。—いいえ、もう（そこには）勤めていません。 6. Il en faut deux. (Il faut deux *œufs*) 卵はいくつ必要なの。—2つ必要です。 7. Non, je n'en ai pas besoin. (je n'ai pas besoin *de ce dictionnaire*) この辞書必要かい？—いや、（それ）必要ないよ。 8. Oui, ils y habitent... (ils habitent *à Paris...*) 佐藤一家はずっと前からパリに住んでいますか？—はい、10年前から（そこに）住んでいます。 9. Non, je n'y assiste pas. (je n'assiste pas *au cours de monsieur Martin*) マルタン先生の講義に出る？—いえ、（それに）出ません。 10. Bien sûr, j'y vais. (je vais *à la mer*) 夏、海に行く？—もちろん、（そこへ）行くよ。

Pour aller plus loin

質問に適切な代名詞を用いて答え、文を訳しましょう。

❏ 1. Vous pensez à votre pays natal ?
　— Oui, ＿＿＿＿＿＿＿＿＿＿＿＿＿＿＿＿＿ de temps en temps.

❏ 2. Tu penses à tes parents ?
　— Oui, ＿＿＿＿＿＿＿＿＿＿＿＿＿＿＿＿＿＿＿＿＿＿＿＿．

❏ 3. Monsieur Dumont est professeur d'anglais. Et sa femme aussi ?
　— Non, ＿＿＿＿＿＿＿＿＿＿＿＿＿＿＿＿＿＿＿＿＿＿＿＿．

❏ 4. Vous savez qu'une tempête de neige va arriver cette nuit ?
　— Bien sûr, ＿＿＿＿＿＿＿＿＿＿＿＿＿＿＿＿＿＿＿＿．

❏ 5. Tu sais que Pierre va au Japon pour travailler ?
　— Oui. Il ＿＿＿＿＿＿＿＿＿＿＿＿＿＿＿．（dire を用いて複合過去で）

日本語を参考に適切なフランス語を1語 ＿＿ に書き、文を完成しましょう。

❏ 6. Vous ＿＿＿ ＿＿＿ ＿＿＿ ？
　　小銭はありますか。

❏ 7. — Désolé(e). Je ＿＿ ＿＿ ＿＿ ＿＿．
　　—すみません。ありません。

❏ 8. Tu ＿＿ ＿＿ dans ton ＿＿ ？
　　コーヒーに砂糖を入れる？

❏ 9. — Non, je ＿＿ ＿＿ ＿＿ ＿＿．
　　—いいえ、入れない。

❏ 10. Est-ce que vous ＿＿＿＿＿＿＿ ？
　　姉妹はいますか。

- 11.— Oui, _____ _____ _____ _____.
    —はい、ひとりいます。
- 12. _____ _____ est-ce que tu _____ _____ Sophie ?
    君は誰とソフィの家に行くの？
- 13.— _____ _____ _____ _____ Céline.
    —セリーヌと行きます。
- 14. _____ est-ce qu'on _____ des _____ ?
    どこで花を買いましょうか。
- 15.— _____ _____ _____ chez le fleuriste.
    —花屋さんで買いましょう。
- 16. Il _____ _____ _____ _____ _____ ?
    まだワインはある？
- 17.— Non, _____ n' _____ _____.
    —いいや、もうない。
- 18. _____ est-ce que _____ _____ la maison ?
    あなた方はどのようにして家に帰りますか。
- 19.— Nous _____ _____ _____ _____.
    — 私たちは歩いて帰ります。
- 20. Des croissants, tu _____ _____ ?
    クロワッサンはいくつ欲しい？

- croire 直説法現在の意味と活用形を覚えた。
- boire 直説法現在の意味と活用形を覚えた。
- 名詞が中性代名詞 en に代わる仕組みを理解した。
- 名詞が中性代名詞 y に代わる仕組みを理解した。
- 名詞を中性代名詞 en または y に置きかえることができる。

Leçon 15

動詞 devoir 直説法現在

devoir (〜しなければならない) [dû]	
je dois	nous devons
tu dois	vous devez
il doit	ils doivent
elle doit	elles doivent

〈**devoir** + 不定詞 〜〉:〜しなければならない
Je *dois* acheter un billet de train.
列車の切符を買わなければならない。

動詞 courir 直説法現在

courir (走る) [couru]	
je cours	nous courons
tu cours	vous courez
il court	ils courent
elle court	elles courent

Courons ! Le bus arrive.
走ろう！バスが来るよ。

比較級（形容詞・副詞）

A	優等（+）plus			:AはBより多く〜
	同等（=）aussi	形容詞・副詞 que	B	:AはBと同じくらい〜
	劣等（−）moins			:AはBより少なく〜

Jean est *plus* grand *que* Pierre.　　　Jean court *plus* vite *que* Pierre.
　ジャンはピエールより背が高い。　　　　ジャンはピエールより速く走る。
Marie est *aussi* grande *que* moi.　　　Marie court *aussi* vite *que* moi.
　マリは私と同じくらい背が高い。　　　　マリは私と同じくらい速く走る。
Pierre est *moins* grand *que* Jean *.　　Pierre court *moins* vite *que* Jean.
　ピエールはジャンよりも背が高くない。　ピエールはジャンよりも速く走らない。

＊ moins を用いるこの文は、ピエールとジャンが 2 人とも grand「背が高い」ことを前提に比較しています。

◆ 形容詞 bon の優等比較級

~~plus bon(ne)(s)~~ → **meilleur(e)(s)**

La bière est *meilleure* (~~plus bonne~~) *que* le vin.　ビールはワインよりもおいしい。
Le vin est *aussi* bon *que* la bière.　ワインはビールと同じくらいおいしい。
La bière est *moins* bonne *que* le vin.　ビールはワインよりもおいしくない。

◆ 副詞 bien の優等比較級

~~plus bien~~ → **mieux**

Marie chante *mieux* (~~plus bien~~) *que* Sophie.　マリはソフィより上手に歌う。
Marie chante *aussi* bien *que* nous.　マリは私たちと同じくらい上手に歌う。
Sophie chante *moins* bien *que* Marie.　ソフィはマリよりも上手に歌わない。

最上級（形容詞・副詞）

形容詞の最上級

定冠詞	le / la / les	plus / moins	形容詞 de	～のなかで最も多く… / ～のなかで最も少なく…

Marie est *la plus* petite *de* sa classe.　マリはクラスで一番背が低い。
Ces exercices sont *les moins* difficiles *de* cette leçon.
　この練習問題はこの課で一番むずかしくない。
Quels sont *les meilleurs*（les ~~plus bons~~）vins *de* cette région ?
　この地域で最もおいしいワインはなんですか。

副詞の最上級

定冠詞 le	plus / moins	副詞	最も多く… / 最も少なく…

Qui court *le plus* vite au monde ?　誰が世界で最も速く走りますか。
Qui chante *le mieux*（le ~~plus bien~~）?　誰が一番上手に歌いますか。
Qui danse *le moins* bien* ?　誰が一番上手に踊りませんか。

＊ le moins bien は「一番へたである」と言っているのではありません。bien の副詞が用いられているので「上手である」ことが前提になっています。上手に踊る人たちを対象に優劣をつけています。

基礎練習 1

（　）の動詞を直説法現在にして＿＿＿に書き、文を訳しましょう。

☐ 1. Nous ＿＿＿＿ faire notre valise avant le départ.（devoir）

☐ 2. Le matin, il ＿＿＿＿ dans le parc.（courir）

☐ 3. Vous ne ＿＿＿＿ pas stationner ici.（devoir）

☐ 4. Ces enfants ＿＿＿＿ un cent mètres.（courir）

例にしたがって、比較級の文を完成し、訳しましょう。

例：Jean est ＿＿＿＿ ＿＿＿＿ que Paul.（＋ intelligent）

→ Jean est plus intelligent que Paul.　ジャンはポールより頭がいい。

☐ 5. Cet hiver est ＿＿＿＿ ＿＿＿＿ que l'hiver dernier.（− dur）

☐ 6. Cette voiture est ＿＿＿＿ ＿＿＿＿ que l'autre.（− cher）

☐ 7. Pierre va au cinéma ＿＿＿＿ ＿＿＿＿ que l'année dernière.（＝ souvent）

☐ 8. Éric s'est levé ＿＿＿＿ ＿＿＿＿ que d'habitude.（＋ tôt）

☐ 9. Tes notes sont ＿＿＿＿ ＿＿＿＿ que celles du premier semestre.（＋ bon）

☐ 10. Thomas parle le japonais ＿＿＿＿ que Marc.（＋ bien）

Vous ne devez pas stationner ici.

un peu plus ☑

☐ 名詞の比較級と最上級

優等	plus de		
同等	autant de	名詞	que
劣等	moins de		

| | le | plus de / moins de | 名詞 | de |

Marie lit *plus de* livres* *que* Cécile.　マリはセシルより多くの本を読んでいる。
Cécile lit *autant de* livres *que* moi.　セシルは私と同じくらい本を読んでいる。
Cécile lit *moins de* livres *que* Marie. セシルはマリよりも少ない本を読んでいる。
　　　　　　　　　　　　　＊数えられる名詞のときは複数形にします。

Qui lit *le plus de* livres *d'*entre vous ?
　　　　あなた方のなかで誰が一番多くの本を読んでいますか。

ヒント

1. faire sa valise「スーツケースに荷物を詰める」
3. devoir は否定では禁止の意味になる。
6. & 9. 形容詞の形に注意。
8. d'habitude「普段、いつも」

(解答・解説)

1. Nous devons faire... 私たちは出発までに荷物をスーツケースに詰めなければならない。
2. Le matin, il court... 彼は毎朝、公園の中を走っている。3. Vous ne devez pas... ここに駐車してはいけません。4. Ces enfants courent... この子供たちは 100 メート走に出場する（を走る）。5. Cet hiver est moins dur que... 今年の冬は去年の冬よりも厳しくない。6. Cette voiture est moins chère que... この車はもう一つ（の車）よりも値段が高くない。※ chère は女性名詞の voiture に一致。7. Pierre va au cinéma aussi souvent que... ピエールは去年と同じくらい頻繁に映画に行っている。8. Éric s'est levé plus tôt que... エリックはいつもより早く起きた。9. Tes notes sont meilleures que... 君の成績は前期の成績よりよい。※ meilleures は女性名詞複数の notes に一致。celles du ～ の指示代名詞は les notes du (de＋le) premier semestre のこと。10. Thomas parle le japonais mieux que... トマはマルクより日本語を上手に話す。

基礎練習 2

例にしたがって、最上級の文を完成し、訳しましょう。

例：Jean est _____ _____ _____ de la classe.（＋ intelligent）
→ Jean est le plus intelligent de la classe. ジャンはクラスで一番頭がいい。

☐ 1. Quels sont _____ _____ joueurs de foot de cette équipe ?
　　　　　　　　　　　　　　　　　　　　　　　　　　　　　　　　　　　（＋ bon）

☐ 2. Qui fait _____ la cuisine de ta famille ?（＋ bien）

☐ 3. Quel est _____ pont de Paris ?（＋ vieux）

☐ 4. Quel est le moyen de transport _____ _____ _____
　　　et _____ _____ _____ ?（＋ rapide / − cher）

☐ 5. Le baccalauréat est l'examen _____ _____ _____
　　　pour les jeunes Français.（＋ important）

☐ 6. Qui compte _____ _____ _____ de la classe ?（＋ vite）

[　　] の語を正しく並べて文を完成し、訳しましょう。

☐ 7. [aussi / bien / camarades / chante / ses / que]
　　　Marie _____.

☐ 8. [fait / froid / il / plus / que]
　　　_____ l'année dernière.

☐ 9. [du / groupe / intéressante / la / plus]
　　　C'est la personne _____.

☐ 10. [est / de / le / livre / meilleur / quel]
　　　_____ cette année ?

un peu plus ☑

☐ 形容詞の最上級と語順

形容詞が名詞のあと（原則）

　　une femme aimable → *la* femme *la plus* aimable　　最も愛想のいい女性

形容詞が名詞の前（例外の語順）

　　une belle femme → *la plus* belle femme　　最も美しい女性

☐ 副詞 beaucoup と peu の優等比較級

~~plus beaucoup~~ → plus

~~plus peu~~ → moins

　　Louis travaille *plus que* les autres élèves.

　　ルイは他の生徒よりも多く勉強する。

　　Louis mange *moins que* son petit frère.

　　ルイは弟より食べない（少なく食べる）。

ヒント

1. 3. 4. & 5. 形容詞の最上級では、定冠詞は形容詞が修飾する名詞の性・数に合わせる。

2. & 6. 副詞の最上級の定冠詞は？

6. compter「数える」

(解答・解説)

1. Quels sont les meilleurs joueurs... このチームで最も優秀なサッカー選手は誰ですか。 2. Qui fait le mieux la... 君の家族で誰が一番上手に料理をつくりますか。 3. Quel est le plus vieux pont... パリで最も古い橋はなんですか。 4. ...le plus rapide et le moins cher ? 最も速くて最も安い交通手段はなんですか。 5. ...l'examen le plus important pour les jeunes... バカロレア（高校3年次に行われる全国共通の中等教育修了試験）は若いフランス人にとって最も重要な試験です。 6. Qui compte le plus vite... クラスで誰が一番速く計算しますか。 7. Marie chante aussi bien que ses camarades. マリは仲間と同じくらい上手に歌う。 8. Il fait plus froid que l'année dernière. 去年より寒い。 9. C'est la personne la plus intéressante du groupe. グループで一番おもしろい人です。 10. Quel est le meilleur livre de cette année ? 今年の最もすばらしい本はなんですか。

Pour aller plus loin

文の意味をとらえて適切な語 plus / aussi / moins / meilleur(e)(s) / mieux を書きましょう。

❏ 1. Il a besoin de lunettes parce qu'il voit .... bien.

❏ 2. La région du Tohoku est .... peuplée que celle du Kanto.

❏ 3. Sur une petite route, on roule .... vite que sur une autoroute.

❏ 4. Marie est bilingue. Elle parle .... bien anglais que français.

❏ 5. La réponse par courriel est .... rapide que par la poste.

❏ 6. À Okinawa, il fait .... chaud qu'à Tokyo.

❏ 7. Faites attention aux voitures. Les grandes villes sont .... dangereuses.

❏ 8. Respirez bien. L'air est .... pur à la campagne.

❏ 9. Mon grand-père va .... Il sort de l'hôpital aujourd'hui.

❏ 10. Cette pâtisserie est très bonne. Elle est .... que celle de mon quartier.

日本語を参考に適切なフランス語を1語 .... に書き、文を完成しましょう。

❏ 11. Je me suis .... d'habitude : j'étais fatiguée.
いつもより早く寝ました。疲れていたので。

❏ 12. Aujourd'hui, il ....
今日は昨日より寒い。

❏ 13. .... que la semaine ....
私たちは先週より忙しい。

❐ 14. Nous _____ les musées _____ que l' _____
_____.

私たちは去年より頻繁に美術館を訪れている。

❐ 15. _____ _____ _____ que _____.

君はぼくたちより歌が上手だ。

❐ 16. Quel est _____ _____ _____ de baseball ?

最もすぐれた野球選手は誰ですか。

❐ 17. Quels sont les _____ _____ _____

de cette leçon ?

この課で一番難しい練習問題はどれですか。

❐ 18. Quel est _____ _____ film _____ cette _____ ?

今年の最もすぐれた日本映画は何ですか。

❐ 19. À Tokyo, il y a _____ _____ habitants qu'à Paris.

東京はパリより人口が多い。

❐ 20. Il _____ toujours _____ _____ _____ qu'avant.

彼は相変わらず以前と同じくらいワインを飲んでいる。

❐ devoir 直説法現在の意味と活用形を覚えた。
❐ courir 直説法現在の意味と活用形を覚えた。
❐ 比較級の構文を覚えた。
❐ 最上級の構文を覚えた。
❐ 形容詞 bon の優等比較級の形を覚えた。
❐ 副詞 bien の優等比較級の形を覚えた。

Leçon 16

動詞 produire 直説法現在

produire（生産する）[produit]	
je produis	nous produisons
tu produis	vous produisez
il produit	ils produisent
elle produit	elles produisent

Ce pays *produit* du riz.
　この国は米を生産している。
※同型に conduire(運転する)、construire（建てる）

動詞 vivre 直説法現在

vivre（暮らす）[vécu]	
je vis	nous vivons
tu vis	vous vivez
il vit	ils vivent
elle vit	elles vivent

Nous *vivons* à la campagne.
　私たちは田舎で暮らしています。

動詞 recevoir 直説法現在

recevoir（受け取る）[reçu]	
je reçois	nous recevons
tu reçois	vous recevez
il reçoit	ils reçoivent
elle reçoit	elles reçoivent

Elle *a reçu* une poupée comme cadeau.
　彼女はプレゼントに人形をもらった。

関係代名詞

関係代名詞はすでに出た名詞の代わり（代名詞の働き）となり、その**名詞（先行詞と呼ぶ）に修飾する文（関係詞節）をつなぐ（関係づける）**働きをします。
関係代名詞の使い分けは修飾される名詞（先行詞）が修飾する文（関係詞節）のなかでどのように機能するかによって決まります。

[qui]
名詞に、その名詞が主語となる文をつなぎます。
　　La France est *un pays* qui produit du vin.（*ce pays* produit du vin）
　　　　フランスはワインを生産している国です。　　　　※先行詞は関係詞節の主語。

[que (qu')]
名詞に、その名詞が直接目的語となる文をつなぎます。＊ que はエリジヨンする。
　　La France est *un pays* que je veux visiter.（je veux visiter *ce pays*）
　　　　フランスは私が訪れたい国です。　　　　※先行詞は関係詞節の直接目的語。
　　Le garçon qu'elle aime s'appelle Thomas.（elle aime *ce garçon*）
　　　　彼女が愛している青年はトマといいます。

[dont]
前置詞 **de** を含む。名詞に、その名詞が主語、動詞、目的語などと **de** で結ばれる文をつなぎます。
　　La France est *un pays* dont la forme ressemble à un hexagone.
　　　　　　　　　　　　　　（la forme **de** *ce pays* ressemble à un hexagone）
　　　　フランスは形が六角形に似た国です。　※先行詞は関係詞節の主語と de でつながる
　　C'est *un film* dont on parle beaucoup.（on parle beaucoup **de** *ce film*）
　　　　これは話題の（人が多く話している）映画です。
　　　　※〈parler de ~ : ~ について話す〉なので、先行詞は関係詞節の動詞と de でつながる。
　　Monet est *un peintre* dont j'admire les œuvres.
　　　　　　　　　　　　　　　（j'admire les œuvres **de** *ce peintre*）
　　　　モネは私が作品をすばらしいと思う画家です。
　　　　　　　　　　　　　　※先行詞は関係詞節の直接目的語と de でつながる。

[où]
名詞に、その名詞が場所や時の状況補語となる文をつなぎます。
　　La France est *un pays* où je veux vivre.（je veux vivre dans *ce pays*）
　　　　フランスは私が暮らしたい国です。　　　※先行詞は関係詞節で場所を表す。
　　Je suis libre *le lundi* où je ne travaille pas.（je ne travaille pas *le lundi*）
　　　　私は仕事のない月曜日は暇です。　　　　※先行詞は関係詞節で時を表す。

基礎練習 1

( ) の動詞を直説法現在にして ____ に書き、文を訳しましょう。

- ❒ 1. Ces pays _____ du blé. (produire)
- ❒ 2. On _____ une nouvelle bibliothèque. (construire)
- ❒ 3. Ces dames _____ des bus. (conduire)
- ❒ 4. Nous _____ à Marseille depuis un an. (vivre)
- ❒ 5. Hélène _____ un cadeau d'anniversaire de ses grands-parents. (recevoir)

関係代名詞を [qui / que] から選んで名詞を修飾する文を完成し、訳しましょう。

- ❒ 6. Voici *le sac* _____ j'ai acheté en Italie.
- ❒ 7. C'est *un film* _____ a eu un grand succès.
- ❒ 8. Je prends *le train* _____ part à dix heures et demie.
- ❒ 9. Connaissez-vous *le monsieur* _____ porte une veste rouge ?
- ❒ 10. *Le vélo* _____ tu m'as prêté ne marche pas bien.

Hélène reçoit un cadeau d'anniversaire de ses grands-parents.

un peu plus ☑

☐ 関係代名詞：前置詞 + **qui**

「人」を表す名詞に、その名詞が前置詞とともに用いられる文をつなぐとき、〈 前置詞 + **qui** 〉の形になります。

*Les amis **avec qui** je pars ont une maison à la campagne.*
（= je pars ***avec** ces amis*）
　私が一緒に出かける友人は田舎に別荘をもっています。

ヒント 🗝

2. & 3. construire, conduire の活用は produire と同型。
6. ～ 10. 先行詞の名詞は、修飾する文の主語それとも直接目的語？
10. Le vélo を修飾する文は tu m'as prêté の部分。

解答・解説

1. Ces pays produisent... これらの国々は小麦を生産している。2. On construit une... 新しい図書館を建設している。※主語人称代名詞 on は 3 人称単数（il / elle）の活用形。建設する人を特定しないので on を用いている。「(建設に関わっている) 人々が」の意味。3. Ces dames conduisent... この女性たちはバスを運転する。4. Nous vivons... 私たちは 1 年前からマルセイユで暮らしている。5. Hélène reçoit... エレーヌは祖父母から誕生日プレゼントをもらう。6. Voici le sac que j'ai acheté... ほらこれが私がイタリアで買ったバッグよ。7. C'est un film qui a eu... これは大ヒットした映画です。8. Je prends le train qui part... 私は 10 時半に出発する列車に乗ります。9. Connaissez-vous le monsieur qui porte... 赤いジャケットを着ている男性をご存知ですか。10. Le vélo que tu m'as prêté... 君がぼくに貸してくれた自転車はちゃんと動かないよ。

基礎練習 2

関係代名詞を [dont / où] から選んで名詞を修飾する文を完成し、訳しましょう。

- ☐ 1. Elle va acheter *l'ordinateur* ＿＿＿＿ elle a besoin.
- ☐ 2. C'est *le livre de cuisine* ＿＿＿＿ on parle beaucoup en ce moment.
- ☐ 3. Il étudie dans *une université* ＿＿＿＿ il est content.
- ☐ 4. Est-ce que vous pouvez me téléphoner *le lundi* ＿＿＿＿ je n'ai pas de cours ?
- ☐ 5. Elle va au *marché* ＿＿＿＿ on trouve des légumes frais.
- ☐ 6. Comment s'appelle *le restaurant* ＿＿＿＿ on va déjeuner ?

関係代名詞を [qui / que / dont / où] から選んで名詞 un monument を修飾する文を完成し、訳しましょう。

La tour Eiffel est *un monument*

- ☐ 7. ＿＿＿＿ symbolise Paris.
- ☐ 8. ＿＿＿＿ la hauteur est de 324 mètres.
- ☐ 9. ＿＿＿＿ les touristes veulent visiter.
- ☐ 10. ＿＿＿＿ on rencontre beaucoup d'étrangers.

un peu plus ☑

☐ 関係代名詞：前置詞 + lequel / laquelle / lesquels / lesquelles

おもに事物を表す名詞に、その名詞が前置詞とともに用いられる文をつなぐとき、〈前置詞 + **lequel**...〉の形になります。先行詞の性・数に合わせて lequel / laquelle / lesquels / lesquelles を選択します。

Voilà *la raison* **pour *laquelle*** j'étais absente.

(= j'étais absente ***pour*** *cette raison*)

これが私が欠席した理由です。

ヒント

1.〜 6. dont は先行詞の名詞と修飾する文が de でつながることがポイント。
  où は先行詞の名詞が、修飾する文で場所や時を表すことがポイント。
2. en ce moment「今、目下」
7. symboliser「象徴する」
8. de 324 mètres の de は数量の程度を表す前置詞で、「〜だけある」の意味。

（解答・解説）

1. ... l'ordinateur dont elle a... (elle a besoin de cet ordinateur) 彼女は必要とするパソコンを買いに行く。 2. ... le livre de cuisine dont on... (on parle beaucoup de ce livre de cuisine) これは今話題の（人々がたくさん話している）料理本です。 3. ... une université dont il... (il est content de cette université) 彼は満足いく大学で学んでいる。 4. ... le lundi où je... (je n'ai pas de cours le lundi) 授業のない月曜日に私に電話してくれますか。 5. ... au (à + le) marché où on... (on trouve des légumes frais à ce marché) 彼女は新鮮な野菜が見つかる市場に行きます。 6. ... le restaurant où on... (on va déjeuner dans ce restaurant) お昼を食べに行くレストランの名前はなんて言うの。 7. ... un monument qui symbolise... エッフェル塔はパリを象徴する建造物です。 8. ... un monument dont la... (la hauteur de ce monument est de 324 mètres) エッフェル塔は高さが 324 メートルある建造物です。 9. ... un monument que les touristes...(les touristes veulent visiter ce monument) エッフェル塔は観光客が見学したいと思う建造物です。 10. ... un monument où on... (on rencontre beaucoup d'étrangers dans ce monument) エッフェル塔は多くの外国人に出会う建造物です。

Pour aller plus loin

関係代名詞を［ qui / que / dont / où ］から選んで名詞を修飾する文を完成し、訳しましょう。

C'est **la ville**
- ❏ 1. _____ je suis né(e).
- ❏ 2. _____ est la plus grande de cette région.
- ❏ 3. _____ la population est très jeune.
- ❏ 4. _____ j'aime beaucoup.

C'est **un petit village**
- ❏ 5. _____ les touristes viennent se promener.
- ❏ 6. _____ on aime le paysage.
- ❏ 7. _____ se trouve près de la mer.
- ❏ 8. _____ on connaît bien grâce à sa production du sel.

日本語を参考に適切なフランス語を 1 語 _____ に書き、文を完成しましょう。

❏ 9. _____ _____ est un pays _____ _____ du saké.
　　日本は酒を製造している国です。

❏ 10. _____ _____ _____ _____ nous voulons _____ .
　　日本は私たちが暮らしたいと思っている国です。

❏ 11. Tokyo, c'est la ville _____ Olivier _____ _____ Saki.
　　東京はオリビエがサキと出会った町です。

❏ 12. Monet est un peintre _____ ____ _____ .
　　モネは私の好きな画家です。

❏ 13. _____ _____ _____ musée d'Orsay _____ ____ ____ beaucoup de tableaux impressionnistes.
　　私たちは印象派の絵画がたくさんあるオルセー美術館に行きます。

- [ ] 14. _____ musée du Louvre _____ nous pouvons admirer « La Vénus de Milo ».
  私はミロのビーナスを鑑賞できるルーヴル美術館が好きだ。

- [ ] 15. L'hôtel _____ n'est pas _____.
  私たちが見つけたホテルは値段が高くありません。

- [ ] 16. C'est un _____ on _____ bien.
  ここはおいしい料理が食べられるレストランです。

- [ ] 17. _____ s'appelle la ville _____ il _____ la maison de Monet ?
  「モネの家」がある町はなんという名前ですか。

- [ ] 18. C'est un livre _____ est très _____.
  これはストーリーがとてもおもしろい本です。

- [ ] 19. Voilà une amie _____ enfance.
  こちらは子供のときから知り合いの友だちです。

- [ ] 20. J'oublie toujours les conseils _____.
  私は彼がくれるアドバイスをいつも忘れてしまう。

- [ ] produire 直説法現在の意味と活用形を覚えた。
- [ ] vivre 直説法現在の意味と活用形を覚えた。
- [ ] recevoir 直説法現在の意味と活用形を覚えた。
- [ ] 関係代名詞 qui の使い方がわかる。
- [ ] 関係代名詞 que の使い方がわかる。
- [ ] 関係代名詞 dont の使い方がわかる。
- [ ] 関係代名詞 où の使い方がわかる。

Leçon 17

直説法半過去

aimer (〜を愛する / 好む)		être (〜である / にいる)	
j' aim*ais*	nous aim*ons*	j' ét*ais*	nous ét*ions*
tu aim*ais*	vous aim*iez*	tu ét*ais*	vous ét*iez*
il aim*ait*	ils aim*aient*	il ét*ait*	ils ét*aient*
elle aim*ait*	elles aim*aient*	elle ét*ait*	elles ét*aient*

se promener (散歩する)		
je me promen*ais*	nous nous promen*ions*	
tu te promen*ais*	vous vous promen*iez*	
il se promen*ait*	ils se promen*aient*	
elle se promen*ait*	elles se promen*aient*	

【語幹】 直説法現在 nous の活用語尾 -ons をとった形
   aimer → nous aim*ons* → **aim** ただし être → **ét**

【語尾】 -ais -ais -ait -ions -iez -aient

【用法】

(1) 現在と対比して、過去の継続的な行為、状態、習慣を伝えます。

 Maintenant je *suis* professeur, mais avant je *travaillais* dans une banque.
  私は今は教師をしているが、以前は銀行に勤めていました。

 Pierre ne *portait* pas de lunettes quand il *était* lycéen.
  ピエールは高校生の頃、めがねをかけていなかった。

 Elle *allait* souvent à la mer avec ses grands-parents quand elle *était* petite.
  彼女は小さい頃、祖父母とよく海に行った。

(2) 複合過去で表される過去の出来事の背景、状況を伝えます。

 Elles *ont visité* la France quand elles *étaient* étudiantes.
  彼女たちは学生だったときフランスを訪れました。

 On *se promenait* sur les quais de la Seine quand on *a rencontré* Paul.
  私たちはセーヌ川の岸辺を散歩していた、そのとき、ポールに出会った。
  (ポールと出会ったとき私たちはセーヌ川の岸辺を散歩していた)

直説法大過去

助動詞（**avoir** または **être** 直説法半過去）＋ 過去分詞

acheter（買う）

j' avais acheté	nous avions acheté
tu avais acheté	vous aviez acheté
il avait acheté	ils avaient acheté
elle avait acheté	elles avaient acheté

partir（出発する）

j' étais parti(e)	nous étions parti(e)s
tu étais parti(e)	vous étiez parti(e)(s)
il était parti	ils étaient partis
elle était partie	elles étaient parties

【用法】

過去のある時点ですでに完了していた行為、事柄を伝えます。

Elle *portait* un joli sac. Elle l'*avait acheté* à Paris.
彼女は素敵なバッグをかけていた。彼女はそれをパリで買っていた。

Je *suis arrivé* à la gare à midi cinq. Le train *était parti* à midi comme prévu.
12時5分に駅に着いた。列車は予定通り12時に出発していた。

Elle portait un joli sac.
Elle l'avait acheté à Paris.

基礎練習 1

太字の動詞を直説法半過去にして_____に書き、文を訳しましょう。

☐ 1. Avant nous _____ à Osaka, mais maintenant, nous **habitons** à Tokyo.

☐ 2. Catherine **a** les cheveux courts. Mais avant, elle _____ les cheveux longs.

☐ 3. Ils **dînent** à la maison. Mais avant, ils _____ souvent au restaurant.

☐ 4. Avant mon père _____ même le samedi, mais maintenant, il ne **travaille** plus le week-end.

☐ 5. Avant Paul _____ la douche le matin. Maintenant, il **prend** un bain le soir.

☐ 6. Avant je _____ du sucre dans mon café, mais maintenant, je n'en **mets** plus.

☐ 7. Elles **vont** à la gym une fois par semaine, mais avant, elles n'y _____ pas.

☐ 8. Les enfants **se couchen**t tard tous les soirs. Avant ils _____ tôt.

☐ 9. Maintenant nous **sommes** employés d'une société, mais avant, nous _____ étudiants.

☐ 10. Bernard _____ ses vacances près de la mer, mais maintenant, il les **passe** à la montagne.

un peu plus ☑

❐ 半過去の使い方：過去における現在

主節が過去時制のとき、従属節で用いられる半過去は、主節の過去時制と同時に起きている事柄を表します（過去における現在）。

Louis a dit qu'il *habitait* à Tokyo. (Il a dit : « J'habite à Tokyo.»)
　　ルイは東京に住んでいると言った。　　※「住んでいた」ではありません。

ヒント

1. ~ 10. avant「以前」、maintenant「今」。太字の動詞の原形は？
4. même「～でさえ」
6. 7. &10. 代名詞を名詞に戻して意味をとること。

解答・解説

1. Avant nous habitions... (habiter → nous habitons) 以前は大阪に住んでいましたが、今は東京に住んでいます。 2. ... elle avait... (avoir → nous avons) カトリーヌは髪の毛が短い。でも前は髪の毛が長かった。 3. ... ils dînaient... (dîner → nous dînons) 彼らは家で夕食を食べています。でも以前はレストランでよく食べていました。 4. ... mon père travaillait... (travailler → nous travaillons) 以前、父は土曜日でも仕事をしていましたが、今はもう週末は仕事をしません。 5. ... Paul prenait... (prendre → nous prenons) 以前、ポールは朝シャワーを浴びていました。今は夜、風呂に入っています。 6. ... je mettais...(mettre → nous mettons) 以前、私はコーヒーに砂糖を入れていたけど、今はもう（砂糖を）入れません。※ je ne mets plus de sucre の下線部が中性代名詞の en。 7. ... elles n'y allaient pas. (aller → nous allons) 彼女たちは週1回ジムに行ってるが、前は（ジムへ）行ってなかった。※ y は à la gym。 8. ... ils se couchaient... (se coucher → nous nous couchons) 子供たちは毎晩遅く寝ます。以前は早く寝ていました。 9. ... nous étions... 今、私たちは会社員ですが、以前は学生でした。＊être の半過去の語幹は ét-。 10. Bernard passait... (passer → nous passons) ベルナールは海の近くでヴァカンスを過ごしていたが、今は山で（ヴァカンスを）過ごしている。※ les は ses vacances。

基礎練習 2

（　）の動詞を直説法半過去にして＿＿＿に書き、文を訳しましょう。

☐ 1. J'ai quitté le travail quand j'＿＿＿＿＿ trente ans.（avoir）

☐ 2. Quand on m'a téléphoné, je ＿＿＿＿＿ le journal.（lire）

☐ 3. On ＿＿＿＿＿ quand on a vu un accident de voiture.
（se promener）

☐ 4. Elle ＿＿＿＿＿ quand on a sonné à la porte.（s'habiller）

☐ 5. Les enfants ＿＿＿＿＿ bien quand leurs parents sont rentrés à la maison.（dormir）

☐ 6. Où est-ce que vous ＿＿＿＿＿ quand il y a eu le tremblement de terre ?（être）

☐ 7. Quel temps ＿＿＿＿＿-il quand ils sont partis à la montagne ?
（faire）

（　）の動詞を直説法大過去の活用にして文を完成し、訳しましょう。

☐ 8. Les Legrand ＿＿＿＿＿ quand je suis passé chez eux.（sortir）

☐ 9. Nous ＿＿＿＿＿ quand mon père est rentré à la maison.（déjà manger）

☐ 10. Elle a mis le collier en or que son ami lui ＿＿＿＿＿.
（offrir）

un peu plus ☑

□ 大過去の使い方：過去における過去

主節が過去時制のとき、従属節で用いられる大過去は、主節の過去時制より前に完了した事柄を表す（過去における過去）。

Louis a dit qu'il *avait vu* un film japonais.
（Il a dit : « J'*ai vu* un film japonais »）
　ルイは日本映画を見たと言った。

ヒント

2. lire の直説法現在 nous の活用形は？
5. dormir の直説法現在は partir と同型。
8. 助動詞は avoir それとも être ？　過去分詞で注意することは？
9. déjà の位置は？

解答・解説

1. ... quand j'avais... 私は30歳のときに仕事をやめた。 2. ... je lisais... (nous lisons) 電話がかかってきたとき、私は新聞を読んでいた。 3. On se promenait quand... 私たちは散歩していたときに自動車事故を見た／自動車事故を見たとき私たちは散歩していた。 4. Elle s'habillait quand... 彼女は着替えていた、そのときドアのベルが鳴った。 5. Les enfants dormaient bien quand... (nous dormons) 子供たちは、両親が帰宅したときよく眠っていた。 6. ... vous étiez quand... 地震があったとき、あなた（方）はどちらにいましたか。 7. Quel temps faisait-il quand... (nous faisons) 彼らが山に出発したとき、どんな天気でしたか。 8. Les Legrand étaient sortis quand... ルグラン一家は、私が彼らの家に立ち寄ったとき、出かけていた。※助動詞が être なので過去分詞は主語の性・数に一致。 9. Nous avions déjà mangé quand... 私たちは、父が帰宅したとき、すでに食べ終えていました。 10. ... le collier en or que son ami lui avait offert. 彼女は恋人が彼女にプレゼントしていた金のネックレスをつけた。※ en + 素材：〜でできた

Pour aller plus loin

[ ]から適切な動詞を選び、直説法半過去にして＿に書き、文を訳しましょう。同じ動詞を2回使わないこと。

[avoir   faire   jouer   travailler   venir]

Quand j'étais petit,

❏ 1. il y ＿＿＿ beaucoup d'élèves à l'école ; ❏ 2. je ＿＿＿ du foot avec mes camarades de classe après l'école ; ❏ 3. mes amis ＿＿＿ jouer chez moi. ❏ 4. Les élèves ＿＿＿ bien et ❏ 5. ils ＿＿＿ dehors.

＿に適切な文を補い、全文を完成して訳しましょう。

❏ 6. Aujourd'hui, il n'y a plus de jeunes dans ce village, mais avant, ＿＿＿ beaucoup.

❏ 7. Maintenant nous parlons (le) français, mais avant, ＿＿＿ ＿＿＿.

❏ 8. Tu ne vas plus à la piscine, mais avant, ＿＿＿ chaque samedi.

❏ 9. Maintenant je n'écris plus mon journal intime, mais avant, ＿＿＿ tous les soirs.

❏ 10. Maintenant elles ne mangent plus de sucreries, mais avant, ＿＿＿ souvent.

日本語を参考に適切なフランス語を1語＿に書き、文を完成しましょう。

❏ 11. ＿＿＿-vous ＿＿＿ ?
ヴァカンスはどこで過ごしていましたか。

❏ 12. ＿＿＿-vous quand vous ＿＿＿ ?
あなたは学生時代どんな本を読んでいましたか。

❐ 13. Avant je _____ le _____ pour _____ _____ _____.
以前、私はオフィスに行くのに自転車を使っていた。

❐ 14. Qu'est-ce que _____ _____ _____ ?
あなたは前は何をしていたのですか。

❐ 15. — _____ _____ dans un _____.
—病院に勤めていました。

❐ 16. Qu'est-ce que tu _____ _____ plus tard ?
将来は何になりたかったの。

❐ 17. Dans ma jeunesse, je _____ _____ _____.
若い頃は遅く寝ていました。

❐ 18. Quand je _____ à Shibuya, j' _____ un ancien _____ de classe.
私は渋谷で散歩していたとき、昔のクラスメートに出会いました。

❐ 19. Quand elle _____ _____ _____ _____, _____ _____ _____ _____ le dîner.
彼女が帰宅したとき、彼女の夫は夕食の支度をすませていた。

❐ 20. Quand _____ _____ _____ _____ _____ _____, le TGV à destination de Paris _____ _____.
私たちが駅に到着したとき、パリ行きの TGV はすでに出たあとだった。

❐ 直説法半過去の活用形を覚えた。
❐ 直説法半過去の使い方がわかる。
❐ 直説法大過去の活用形を覚えた。
❐ 直説法大過去の使い方がわかる。

Leçon 18

直説法単純未来

visiter (〜を訪れる)	
je visite**rai**	nous visite**rons**
tu visite**ras**	vous visite**rez**
il visite**ra**	ils visite**ront**
elle visite**ra**	elles visite**ront**

avoir (〜を持っている)	
j' au**rai**	nous au**rons**
tu au**ras**	vous au**rez**
il au**ra**	ils au**ront**
elle au**ra**	elles au**ront**

être (〜である / にいる)	
je se**rai**	nous se**rons**
tu se**ras**	vous se**rez**
il se**ra**	ils se**ront**
elle se**ra**	elles se**ront**

【語幹】 不定詞の r の前まで : visite*r* → **visite** (je visiterai...,)
 fini*r* → **fini** (je finirai...,) prend*re* → **prend** (je prendrai...,)
 écri*re* → **écri** (j'écrirai...,) croi*re* → **croi** (je croirai...,)
不定詞からつくれない動詞は特殊な語幹になります。
 aller → **i** (j'irai...,) venir → **viend** (je viendrai...,)
 faire → **fe** (je ferai...,) voir → **ver** (je verrai...,)
 avoir → **au** (j'aurai...,) être → **se** (je serai...,)

【語尾】 -rai -ras -ra -rons -rez -ront

【用法】
(1) 未来の行為、事柄を伝えます。
 Il *fera* beau demain.　明日は晴れるでしょう。
 Nous *visiterons* la Provence *la semaine prochiane / le mois prochain / l'année prochaine / dans un mois / cet été.*
　私たちは来週 / 来月 / 来年 / 1ヶ月後 / この夏、プロヴァンス地方を訪れます。
(2) 2人称で用いると軽い命令のニュアンスを伝えることができます。
 Vous *finirez* ce travail vendredi.　金曜日にこの仕事を終わらせてください。
 Tu *viendras* nous voir demain.　明日、私たちに会いに来てね。

受動態

> être + 過去分詞 + par/de(d') + 動作主

- 受動態は他動詞の直接目的語を主語にします。

　　Pierre invite Sophie et Marie pour son anniversaire. ← この文を能動態と呼ぶ。
　　主語　　動詞　　　直目
　　　ピエールはソフィとマリを自分の誕生日に招待する。

- 受動態の過去分詞は主語の性・数に一致します。

　　 Sophie et Marie *sont invitées par* Pierre pour son anniversaire.
　　　ソフィとマリはピエールによって彼の誕生日に招待されている。

- 受動態の時制は助動詞 être の時制できまります。

　　Sophie *a été invitée* par Pierre.　（受動態直説法複合過去）　招待された
　　Sophie *est invitée* par Pierre.　　（受動態直説法現在）　　　招待されている
　　Sophie *sera invitée* par Pierre.　　（受動態直説法単純未来）　招待されるだろう

- 動詞が一時的な動作、行為を表すときは **par** によって動作主を示し、持続的な感情や状態を表すときは **de** を用います。

　　Ce verre *a été cassé par* Paul.　このグラスはポールが割った（ポールに割られた）。
　　Cette chanson *est aimée de* tout le monde.　この歌は皆から愛されている。

- 動作主を限定する必要がないときは省略します。

　　Ce parfum *est fabriqué* en France.　この香水はフランスでつくられている。

- 英語のように間接目的語を主語にして受動態はつくりません。

　　 I was given a book. は On m'a donné un livre. のように表現します。
　　× J'ai été donné un livre. とは言いません。

基礎練習 1

フランス旅行の予定です。（　）の動詞を直説法単純未来にして＿＿に書き、文を訳しましょう。

- 1. Quand est-ce que vous ＿＿＿＿＿ en France ?（aller）
- 2. Nous ＿＿＿＿＿ de Narita lundi prochain.（partir）
- 3. Nous ＿＿＿＿＿ à Paris mardi matin.（arriver）
- 4. Le guide ＿＿＿＿＿ nous chercher à l'aéroport.（venir）
- 5. Les touristes ＿＿＿＿＿ le car pour visiter Paris.（prendre）
- 6. De Montmartre, nous ＿＿＿＿＿ une belle vue sur Paris.（avoir）
- 7. Nous ＿＿＿＿＿ dans un hôtel près de Beaubourg.（descendre）
- 8. Après le dîner, moi, je ＿＿＿＿＿ sur les quais de la Seine.（se promener）
- 9. Ce voyage ＿＿＿＿＿ une course contre la montre !（être）
- 10. On ＿＿＿＿＿ .（voir）

Les touristes prendront le car pour visiter Paris.

un peu plus ☑

☐ 直説法前未来

> 助動詞（**avoir** または **être** 直説法単純未来）＋ 過去分詞

finir（～を終える）		rentrer（帰る）	
j' aurai fini	nous aurons fini	je serai rentré(e)	nous serons rentré(e)s
tu auras fini	vous aurez fini	tu seras rentré(e)	vous serez rentré(e)(s)
il aura fini	ils auront fini	il sera rentré	ils seront rentrés
elle aura fini	elles auront fini	elle sera rentrée	elles seront rentrées

【用法】未来のある時点までに完了しているはずの行為、事柄を伝えます。

Quand j'*aurai fini* mon travail, je *sortirai* du bureau.
　　自分の仕事が終わったら会社を出ます。　　※「会社を出る」が未来の時点

Mes parents *seront rentrés* avant neuf heures du soir.
　　両親は午後9時までに帰宅しています。　　※「午後9時」が未来の時点

> **ヒント** 🔑
> 1. 4. 6. 9. & 10. 単純未来の特殊な語幹をもつ動詞。
> 8. 直説法現在1人称単数の活用形を語幹にする。

（解答・解説）

1. ...vous irez... あなた方はいつフランスに行きますか。2. Nous partirons... 私たちは今度の月曜日に成田を（から）出発します。3. Nous arriverons... 私たちは火曜日の朝、パリに到着します。4. Le guide viendra... ガイドが空港に私たちを迎えにきます。※ venir chercher ＋ 人：（人を）迎えにくる 5. Les touristes prendront... 観光客はパリを見学するために観光バスに乗ります。6. ... nous aurons... モンマルトルから、私たちはパリが見事に見渡せるでしょう。7. Nous descendrons... 私たちはポーブールの近くのホテルに泊まります。8. ... je me promènerai... 夕食のあと、私はセーヌ川の岸辺を散歩します。※（se) promener のように語幹に変化のある -er 規則動詞の単純未来は直説法現在1人称単数の活用形 je (me) promène を語幹にする je me promènerai, tu te promèneras, il/elle/on se promènera, nous nous promènerons, vous vous promènerez, ils/elles se promèneront 9. Ce voyage sera... その旅行は時間との戦いですね。10. On verra. どうなるでしょうね。※ voir は「わかる」の意味で「今にわかるでしょう」

基礎練習 2

[ ] から適切な動詞を選び、直説法単純未来にして＿＿に書き、文を訳しましょう。

[avoir   baisser   commencer   faire   pleuvoir]

☐ 1. Il ＿＿＿ beau aujourd'hui. ☐ 2. Mais le soir, il y ＿＿＿ des nuages ☐ 3. et la nuit, il ＿＿＿ à pleuvoir. ☐ 4. Demain il ＿＿＿ toute la journée ☐ 5. et la température ＿＿＿.

受動態に書きかえて、訳しましょう。

☐ 6. On fabrique ce fromage en Normandie.

→ ＿＿＿

☐ 7. Les enfants aiment le film « Mon voisin Totoro ».

→ ＿＿＿

☐ 8. Gutenberg a inventé l'imprimerie.

→ ＿＿＿

☐ 9. Pierre et Marie Curie ont découvert le radium.

→ ＿＿＿

☐ 10. On construira un nouveau stade dans cette ville.

→ ＿＿＿

un peu plus ☑
❏ 受身の表現

受け身の意味を伝える表現には次のものがあります。
「フランス語はカナダで話されている」
(1) Le français est parlé au Canada.
(2) Le français se parle au Canada.
(3) On parle (le) français au Canada.

ヒント

1. 〜 5. faire の単純未来の語幹は？ pleuvoir の単純未来の語幹は pleuv-。
6. & 10. 動作主は明示しない。
8. 9. & 10. 動詞の時制は？
9. découvert の原形は découvrir。
10. construira の原形は construire。過去分詞は construit。

解答・解説

1. Il fera beau... 今日は晴れるでしょう。 2. Mais le soir il y aura... でも夕方には雲が出て、3. et la nuit, il commencera à... 夜は、雨が降り始めるでしょう。※〈commencer à 〜〉で「〜し始める」。 4. Demain il pleuvra... 明日は一日中雨になり、5. et la température baissera. 気温が低くなるでしょう。 6. Ce fromage est fabriqué en Normandie. このチーズはノルマンディ地方でつくられています。 7. Le film « Mon voisin Totoro » est aimé des (de + les) enfants. 映画「隣のトトロ」は子供たちに愛されています。 8. L'imprimerie a été inventée par Gutenberg. 印刷術はグーテンベルクによって発明されました。※受動態複合過去 9. Le radium a été découvert par Pierre et Marie Curie. ラジウムはピエール・キュリー、マリ・キュリー夫妻によって発見されました。※受動態複合過去。 10. Un nouveau stade sera construit dans cette ville. 新しいスタジアムがこの町に建設されます。※受動態単純未来。

Pour aller plus loin

受動態に書きかえて、訳しましょう。

☐ 1. On chante la Marseillaise avant le coup d'envoi.

　→ ....

☐ 2. On n'accepte pas les cartes de crédit.

　→ ....

☐ 3. Quand est-ce qu'on lancera la fusée ?

　→ ....

☐ 4. Quand est-ce qu'on votera ce projet de loi ?

　→ ....

☐ 5. Où est-ce qu'on a pris ces photos ?

　→ ....

☐ 6. Comment est-ce qu'on fabrique le pain ?

　→ ....

日本語を参考に適切なフランス語を1語 .... に書き、文を完成しましょう。

☐ 7. Je .... mes études à l'université l' ....

　私は来年、大学を卒業します。

☐ 8. Qu'est-ce que vous .... après .... ?

　卒業後はどうするのですか。

☐ 9. — Moi, ... dans une entreprise.

　—私は、企業で働きます。

☐ 10. — .... professeur d' .... dans un collège.

　—ぼくは中学の英語の先生になります。

- [ ] 11. — J'_____ _____ _____ pour étudier.

    —私はフランスに留学します。

- [ ] 12. _____ _____ vingt _____ la _____ _____.

    私は来週 20 歳になります。

- [ ] 13. _____ _____ _____ sa retraite le _____ _____.

    私の父は来月退職します。

- [ ] 14. _____ grand-mère _____ _____ de l' _____ ce _____.

    私の祖母は今度の金曜日に退院します。

- [ ] 15. Notre _____ _____ _____ en _____.

    私たちの息子は 4 月に大学生になります。

- [ ] 16. _____ _____ _____ _____.

    私たちは 6 月に結婚します。

- [ ] 17. Cette chanson _____ _____ tous _____.

    この歌は子供たちみんなに知られている。

- [ ] 18. Cette histoire _____ _____ tout _____.

    この物語はみんなに愛されている。

- [ ] 19. Les personnes âgées _____ _____ respectées.

    お年寄りが大事にされていません。

- [ ] 20. Cette voiture _____ _____ _____.

    この自動車はドイツ製です。

- [ ] 直説法単純未来の活用形を覚えた。
- [ ] 単純未来の特殊な語幹をもつ動詞を覚えた。
- [ ] 直説法単純未来の使い方がわかる。
- [ ] 受動態をつくることができる。

Leçon 19

条件法現在

vouloir（〜を欲する）	
je voud*rais*	nous voud*rions*
tu voud*rais*	vous voud*riez*
il voud*rait*	ils voud*raient*
elle voud*rait*	elles voud*raient*

avoir（〜を持っている）		être（〜である / にいる）	
j' au*rais*	nous au*rions*	je se*rais*	nous se*rions*
tu au*rais*	vous au*riez*	tu se*rais*	vous se*riez*
il au*rait*	ils au*raient*	il se*rait*	ils se*raient*
elle au*rait*	elles au*raient*	elle se*rait*	elles se*raient*

【語幹】 直説法単純未来と同じ語幹
　特殊な語幹（p.146 の単純未来で提示されていない動詞のみ）
　vouloir → **voud**（je voudrais..）　　　pouvoir → **pour**（je pourrais...）
　devoir　→ **dev**（je devrais...）

【語尾】 -rais　　-rais　　-rait　　-rions　　-riez　　-raient

【用法】

（1）現在、未来の事柄を仮定して伝えます。
　Cet été, on *pourrait* aller en France.　この夏フランスに行けるかもしれません。

（2）〈 **Si** + 直説法半過去 , 条件法現在〉
　現在の非現実、未来の不確実を条件とし、その結果を仮定して伝えます。
　S'il* *faisait* beau aujourd'hui, on *partirait* à la montagne.
　　　もし今日天気がよければ、山に出かけるのに。
　　　　　　　　　　　　＊si は il(s) のときだけエリジョンします。s'il(s) / si elle(s) / si on

（3）表現を和らげて伝えます（丁寧な表現）。
　Pourriez-vous fermer la porte ?　ドアを閉めていただけますか。
　Je *voudrais* parler à M. Dupont.　デュポンさんにお話したいのですが。
　Tu *devrais* partir tôt.　早くに出発すべきですよ。

現在分詞

 語幹（直説法現在1人称複数 nous の活用語尾 -ons をとる）+ ant

 parler → nous parl*ons* → **parl*ant***
 ただし avoir → **ayant** être → **étant** savoir → **sachant**

【用法】
 形容詞的に機能して名詞、代名詞を修飾します。主に書き言葉で用います。
 Je connais un guide *parlant* japonais.　日本語を話すガイドを知っています。
※話し言葉では関係代名詞を用いて Je connais un guide qui parle japonais. と表現するのが一般的です。

ジェロンディフ

 en + 現在分詞

【用法】
副詞的に機能して主となる動詞を修飾し、同時性、理由、条件、対立などの意味を伝えます。書き言葉だけでなく話し言葉でも使われます。

 Il lit le journal *en écoutant* de la musique.
  彼は音楽を**聞きながら**新聞を読んでいる。（同時性）

 On arrivera à temps *en prenant* le métro.
  地下鉄に**乗れば**、間に合って到着するだろう。（条件）

 Tout * *en étant* fatigué, il continue à travailler.
  疲れている**のに**、彼は仕事を続けている。（対立）
        * tout を伴うと、対立、同時性が強調されます。

ジェロンディフは動詞を修飾しますから、名詞を修飾する現在分詞の文と次のような違いがあります。

 J'ai rencontré ma voisine *en promenant mon chien*.（ジェロンディフ）
  私は犬を散歩させているときにご近所の人に出会った。

 J'ai rencontré ma voisine *promenant son chien*.（現在分詞）
  私は犬を散歩させているご近所の人に出会った。

基礎練習 1

（　）の動詞を条件法現在にして_____に書き、文を訳しましょう。

☐ 1. _____-vous parler moins vite ?（pouvoir）

☐ 2. Est-ce que je _____ avoir une place côté fenêtre ?

（pouvoir）

☐ 3. Nous _____ faire une pause.（vouloir）

☐ 4. Tu _____ faire du sport.（devoir）

☐ 5. J'_____ bien habiter au centre-ville.（aimer）

（　）の動詞をジェロンディフにして_____に書き、文を訳しましょう。

☐ 6. Takashi prend son bain _____.（chanter）

☐ 7. Le professeur explique _____ au tableau.（écrire）

☐ 8. Ils sont partis _____ au revoir à tout le monde.（dire）

☐ 9. J'apprends le français _____ beaucoup d'exercices.

（faire）

☐ 10. Ne parle pas _____.（manger）

Tu devrais faire du sport.

un peu plus ☑

□ 条件法の使い方：過去からみた未来

主節が過去時制のとき、従属節で用いられる条件法現在は、主節の過去時制からみた未来の事柄を表す（過去からみた未来）。

※単純未来は現在からみた未来を表します。

Louis a dit qu'il *partirait* pour le Japon.

（Louis a dit : « Je *partirai* pour le Japon.»）

ルイは日本に出発すると言った。

ヒント🗝

2. côté fenêtre「窓側」
5. aimer の条件法現在の意味に注意。
10. manger の直説法現在 nous の活用形は？

解答・解説

1.Pourriez-vous parler... もっとスピードを落として話していただけますか。 2. Est-ce que je pourrais avoir... 窓側の席にしていただけますか。 3. Nous voudrions faire... 私たちは休憩したいのですが。 4. Tu devrais faire... 君はスポーツをするべきですよ。 5. J'aimerais bien habiter... 町の中心街に住んでみたいなぁ。 ※ aimer 条件法現在〈J'aimerais bien + 不定詞〉は「～したいなあ」の意味。 6. Takashi prend son bain en chantant. タカシは歌いながら風呂に入っている。 7. Le professeur explique en écrivant...(nous écriv<s>ons</s>) 先生は黒板に書いて説明している。 8. Ils sont partis en disant au revoir... (nous dis<s>ons</s>) 彼らは皆にさようならを言いながら出ていった。 9. J'apprends le français en faisant beaucoup d'exercices. (nous faisons) 私はたくさんの練習問題をやってフランス語を学んでいます。10. Ne parle pas en mangeant. 食べながらしゃべってはいけません。
※ nous mange*ons* なので現在分詞の語幹は mange になる。

基礎練習 2

セシルが理想の住まいについて語っています。（　）の動詞を条件法現在にして＿＿＿に書き、文を完成して訳しましょう。

- ☐ 1. Si j'avais de l'argent, j'＿＿＿＿＿＿ une maison au bord de la mer.（acheter）
- ☐ 2. Ce ＿＿＿＿＿ une grande maison.（être）
- ☐ 3. De la fenêtre, on ＿＿＿＿＿ une vue magnifique sur la mer.
（avoir）
- ☐ 4. On ＿＿＿＿＿ la mer.（entendre）
- ☐ 5. Le bruit de la mer nous ＿＿＿＿＿.（calmer）
- ☐ 6. On ＿＿＿＿＿ le beau soleil couchant.（admirer）
- ☐ 7. Nous ＿＿＿＿＿ sur une grande plage.
（se promener）
- ☐ 8. Nous ＿＿＿＿＿ des poissons frais et des fruits de mer toute l'année.（déguster）

動詞を指示された形にして文を完成し、訳しましょう。

- ☐ 9. J'ai rencontré monsieur Martin ＿＿＿＿＿ des courses au marché.（faire 現在分詞）
- ☐ 10. J'ai rencontré monsieur Martin ＿＿＿＿＿ des courses au marché.（faire ジェロンディフ）

un peu plus ☑
☐ 条件法過去

> 助動詞（**avoir** または être の条件法現在）＋ 過去分詞

pouvoir（〜できる）	
j' aurais pu	nous aurions pu
tu aurais pu	vous auriez pu
il aurait pu	ils auraient pu
elle aurait pu	elles auraient pu

aller（行く）	
je serais allé(e)	nous serions allé(e)s
tu serais allé(e)	vous seriez allé(e)(s)
il serait allé	ils seraient allés
elle serait allée	elles seraient allées

【用法】
（1）過去の事柄を仮定して伝える。

   Sans cet incident, on *aurait pu* aller en France.

   そのトラブルがなかったら、私たちはフランスに行けたかもしれません。

（2）〈si ＋ 直説法大過去、条件法過去〉で、過去の非現実を条件とし、その結果を仮定して伝える。

   S'il *avait fait* beau hier, elle *serait allée* à la mer.

   きのう天気がよかったら、彼女は海に行ったのに。

ヒント 🔦

1.&7. 単純未来と同様、語幹は直説法現在 1 人称単数の活用形。
4. 語幹は原形からつくる。

解答・解説

1. ..., j'achèterais une maison... もし私にお金があれば海辺に家を買うのになあ。 2. Ce serait une grande... それはね、大きな家なの。 3. ..., on aurait une vue... 窓からは海が見事に見渡せるの。 4. On entendrait la mer. 海の音が聞こえてきて。 5. Le bruit de la mer nous calmerait. 潮の響きが私たちの心をしずめてくれるの。 6. On admirerait le beau soleil couchant. 美しい夕焼けに見とれて。 7. Nous nous promènerions sur... 私たちは広い浜辺を散歩するの。 8. Nous dégusterions des poissons frais... 私たちは一年中、新鮮な魚や海の幸を味わうのよ。 9. J'ai rencontré monsieur Martin faisant des courses... 私は市場で買い物をしているマルタン氏に出会った。 10. J'ai rencontré monsieur Martin en faisant des courses... 私は市場で買い物をしているときにマルタン氏に出会った。

Pour aller plus loin

1, 3, 5, は（　）の動詞を指示された形にして文を完成し、訳しましょう。2, 4 は関係代名詞を用いて、6 は quand を用いてそれぞれ同じ意味になるように書きかえましょう。

- ☐ 1. Je connais un guide _____ conduire.（savoir 現在分詞）
- ☐ 2. Je connais un guide qui _____ conduire.
- ☐ 3. Les personnes _____ le billet peuvent entrer dans la salle d'exposition.（avoir 現在分詞）
- ☐ 4. Les personnes qui _____ le billet peuvent entrer dans la salle d'exposition.
- ☐ 5. Je me souviens de mon grand-père _____ du jardinage.（faire ジェロンディフ）
- ☐ 6. Je me souviens de mon grand-père quand _____ du jardinage.

日本語を参考に適切なフランス語を 1 語 _____ に書き、文を完成しましょう。

- ☐ 7. Si vous _____ un _____ de congé, que _____ -vous ?
  もし 1 年間の休みがあったらどうするかしら。
- ☐ 8. — Je _____ la journée à cultiver _____ _____ à la _____.
  — 私は田舎で一日庭を耕して過ごすかも。
- ☐ 9. — Je _____ le tour du _____ en _____.
  — 私は船で世界一周するかも。
- ☐ 10. — Je _____ le _____ _____ nord _____ sud à _____.
  — ぼくは自転車で日本を北から南まで縦断するかも。
- ☐ 11. — Nous _____ une _____ de luxe dans un _____ _____ la vie n'est pas _____.
  — 私たちは物価の安い国でぜいたくな暮らしをおくるかも。

❏ 12. — J' _____ _____ _____ pour _____ _____ _____.
　　　— 私はフランス語を勉強するためにフランスに行くかも。

❏ 13. — J' _____ _____ à _____ des pâtisseries _____ _____.
　　　— ぼくは日本で菓子づくりを学ぶかも。

❏ 14. Si tu _____ un _____ de yen, _____ -tu ?
　　　もし百万円あたったらどうするかい。

❏ 15. — Je _____ un don au _____ de formation des _____
　　　guides d'aveugles.
　　　— 盲導犬訓練センターに寄付するかも。

❏ 16. — Je _____ _____ pour rénover _____ _____.
　　　— 自分のマンションをリフォームするために使うかも。

❏ 17. Il _____ _____ de _____ son _____.
　　　彼は出かけるとき、傘を持っていくのを忘れた。

❏ 18. Je _____ _____ _____ ma _____ _____
　　　la _____.
　　　料理をつくっていると母のことを思い出す。

❏ 19. Vous _____ un _____ à _____ _____ ?
　　　私に貸していただけるペンをお持ちですか。

❏ 20. Tu _____ _____. Tu _____ _____.
　　　働きすぎよ。体を休めるべきだわ。

❏ 条件法現在の活用形を覚えた。
❏ 条件法現在の使い方がわかる。
❏ 現在分詞とジェロンディフの形と使い方がわかる。

Leçon 20

接続法現在

原則	sortir（外出する）		
que je sorte		que nous sort*ions*	
que tu sort*es*		que vous sort*iez*	
qu'il sorte		qu'ils sort*ent*	
qu'elle sorte		qu'elles sort*ent*	

例外1	venir（来る）		
que je vienne		que nous ven*ions*	
que tu vienn*es*		que vous ven*iez*	
qu'il vienne		qu'ils vienn*ent*	
qu'elle vienne		qu'elles vienn*ent*	

※ nous, vous は半過去の語幹。同型に prendre

例外2	faire（〜を作る / する）		
que je fasse		que nous fass*ions*	
que tu fass*es*		que vous fass*iez*	
qu'il fasse		qu'ils fass*ent*	
qu'elle fasse		qu'elles fass*ent*	

例外3	aller（行く）		
que j' aille		que nous all*ions*	
que tu aill*es*		que vous all*iez*	
qu'il aille		qu'ils aill*ent*	
qu'elle aille		qu'elles aill*ent*	

※特殊な語幹を持つタイプ
　pouvoir : je *puiss*e　　savoir : je *sach*e

※特殊な語幹を持つが nous, vous は半過去の語幹

例外4	avoir（〜を持っている）		
que j' aie		que nous ayons	
que tu aies		que vous ayez	
qu'il ait		qu'ils aient	
qu'elle ait		qu'elles aient	

例外5	être（〜である / にいる）		
que je sois		que nous soyons	
que tu sois		que vous soyez	
qu'il soit		qu'ils soient	
qu'elle soit		qu'elles soient	

※ avoir と être は語幹も語尾も特殊

【語幹】　直説法現在3人称複数の語尾 ent をとった形：Ils sort*ent* → sort
【語尾】　-e　-es　-e　-ions　-iez　-ent
【用法】
- 接続法は事実や実現性の有無とは無関係に、その人が**主観的にとらえている**事柄を伝える動詞の形です。
　※直説法は事実や実現性のある事柄を伝えます。
- 接続法は、その人の願望、否定、疑問、判断の内容、ある感情をもって受け止めている事柄を伝える従属節の動詞（que のあとで使われている動詞）に用います。

〈願望〉Je *veux que* vous **rentriez** à la maison tout de suite.
　　　私はおまえたちにすぐ家に帰ってきてほしい。
〈否定〉Je *ne crois pas qu'*ils **soient** libres ce week-end.
　　　私は彼らが今週末、暇だとは思いません。
〈疑問〉*Pensez*-vous *que* je **puisse** arriver à l'heure ?
　　　私が時間どおりに到着できると思いますか。
〈判断〉*Il faut que* nous **finissions** ce travail avant le déjeuner.
　　　私たちは昼食までにこの仕事を終えなければならない。
〈感情〉Nous *sommes contents qu'*il **fasse** très beau aujourd'hui.
　　　私たちは今日、天気がとてもよくてうれしい。

強調構文

主語や主語以外の文の要素を強調する構文です。
　Sophie va au cinéma avec Thomas　ソフィはトマと映画に行く。
◆ 主語の強調
　　C'est + 主語 + qui + 動詞
　C'est Sophie *qui* va au cinéma avec Thomas.　トマと映画に行くのはソフィです。
※主語が人称代名詞のとき、強調構文では強勢形を用います。
　C'est moi qui vais au cinéma avec Thomas.　トマと映画に行くのは私です。
◆ 主語以外の強調
　　C'est + 主語以外 + que + 主語 + 動詞
　C'est au cinéma *que* Sophie va avec Thomas.
　　ソフィがトマと行くのは映画です。
　C'est avec Thomas *que* Sophie va au cinéma.
　　ソフィが映画に行くのはトマとです。

　　　　　　　　　　　　　　C'est moi.
　　　　　　　　　C'est moi.

　　　　　　C'est moi qui vais au cinéma avec Thomas.

基礎練習 1

（　　）の動詞を接続法現在にして_____に書き、文を訳しましょう。
- ☐ 1. Il faut que tu _____ tôt demain matin.（partir）
- ☐ 2. Il est possible qu'il _____ mauvais cet après-midi.（faire）
- ☐ 3. Il est important que nous _____ le petit déjeuner chaque matin.（prendre）
- ☐ 4. Françoise veut que ses petits-enfants _____ la voir plus souvent.（venir）
- ☐ 5. Mes parents sont contents que je _____ mes études à l'université cette année.（finir）
- ☐ 6. C'est dommage que vous n'_____ pas à ce match de baseball avec nous.（assister）

①〜④を強調する文に書きかえ、訳しましょう。

<u>Il</u> va offrir <u>à Akiko</u> <u>un parfum fabriqué en France</u> <u>pour son anniversaire</u>.
　① 　　　　　② 　　　　　　③ 　　　　　　　　　　　④

- ☐ 7. ①を強調する

　→ _____

- ☐ 8. ②を強調する

　→ _____

- ☐ 9. ③を強調する

　→ _____

- ☐ 10. ④を強調する

　→ _____

un peu plus ☑

☐ 接続法過去

助動詞（**avoir** または **être** の接続法現在）＋ 過去分詞

pouvoir（～できる）		partir（出発する）	
que j' aie pu	que nous ayons pu	que je sois parti(e)	que nous soyons parti(e)s
que tu aies pu	que vous ayez pu	que tu sois parti(e)	que vous soyez parti(e)(s)
qu'il ait pu	qu'ils aient pu	qu'il soit parti	qu'ils soient partis
qu'elle ait pu	qu'elles aient pu	qu'elle soit partie	qu'elles soient parties

【用法】主観的にとらえている事柄が完了しているときに用います。

Je ne crois pas qu'il *ait pu* prendre un taxi.

彼がタクシーに乗れたとは思わない。

C'est dommage qu'ils *soient partis* si tôt.

彼らがあんなに早く出発したのが残念だ。

ヒント🔑

1. partir の 3 人称複数の直説法現在の活用形は？
3. prendre の接続法の活用形で原則と異なるところは？

解答・解説

1. Il faut que tu partes... 君は明日の朝早く出発すべきだ。2. Il est possible qu'il fasse... 午後は天気が悪くなるかもしれない。3. Il est important que nous prenions... 私たちが毎朝朝食をとることは大切だ。4. Françoise veut que ses petits-enfants viennent la voir... フランソワーズは孫にもっと頻繁に自分に会いに来てほしい。5. Mes parents sont contents que je finisse... 両親は私が今年大学を卒業するのがうれしい。6. C'est dommage que vous n'assistiez pas... あなた(方)が私たちと一緒にその野球の試合を見れないのが残念だ。7. C'est lui qui va offrir... アキコにフランス製の香水を誕生日に贈るのは彼です。※主語を強調するとき主語人称代名詞は強勢形にする。8. C'est à Akiko qu'il va offrir un parfum... 彼が誕生日にフランス製の香水を贈るのはアキコにです。9. C'est un parfum fabriqué en France qu'il va offrir à Akiko... 彼が誕生日にアキコに贈るのはフランス製の香水です。10. C'est pour son anniversaire qu'il va offrir... 彼がアキコにフランス製の香水を贈るのは彼女の誕生日のためだ。

基礎練習 2

（　）の動詞を 1〜8 は接続法現在に、9 と 10 は接続法過去にして＿＿＿に書き、文を訳しましょう。

☐ 1. Voulez-vous que je vous ＿＿＿＿＿ ?（aider）

☐ 2. Je souhaite que la nouvelle année t' ＿＿＿＿＿ santé et bonheur.
（apporter）

☐ 3. Tu veux qu'on ＿＿＿＿＿ au cinéma ?（aller）

☐ 4. J'ai peur qu'il y ＿＿＿＿＿ du monde à ce concert.（avoir）

☐ 5. Il faut que vous ＿＿＿＿＿ tôt ce soir.（se coucher）

☐ 6. Nous ne croyons pas qu'elle ＿＿＿＿＿ si gentille.（être）

☐ 7. Je n'aime pas que nous ＿＿＿＿＿ la queue devant le guichet pour acheter des billets de train.（faire）

☐ 8. Elle ne pense pas que je ＿＿＿＿＿ écrire un bon rapport avant vendredi.（pouvoir）

☐ 9. Il est possible qu'elle ＿＿＿＿＿ le rendez-vous.
（oublier）

☐ 10. Nous sommes contents que nos deux filles ＿＿＿＿＿ fêter Noël avec leurs enfants chez nous.（venir）

un peu plus ☑

□ 接続法を用いる表現

【不確実】Je *cherche* une jeune fille qui ***puisse*** garder mes enfants.
　　　　私は子どものベビーシッターができる若い女性を探している。

【唯一・最上級】Céline, c'est *la seule amie* qui me ***comprenne***.
　　　　セリーヌは私を理解してくれるただひとりの友だ。

【目的】Parlez plus fort *pour qu*'on vous ***entende***.
　　　　あなたの声が聞こえるようにもっと大きな声で話してください。

【譲歩】Ils sont heureux *bien qu*'ils n'***aient*** pas d'argent.
　　　　彼らはお金はないけれど幸せだ。

【条件】Je te prête mon vélo *pourvu que* tu me le ***rendes*** tout de suite.
　　　　すぐに返してくれるのであれば、ぼくの自転車を君に貸すよ。

ヒント

3. 4. 6. 7. & 8. 接続法現在の語幹または活用形が特殊。
3. on は 3 人称単数扱い。
9. &10. 助動詞は avoir それとも être ?

解答・解説

1. Voulez-vous que je vous aide ? お手伝いいたしましょうか。2. Je souhaite que la nouvelle année t'apporte... 新年があなたに健康と幸福をもたらしますよう願っております。3. Tu veux qu'on aille... ? 映画に行くのがいい？ 4. J'ai peur qu'il y ait... そのコンサートには大勢の人がいそうで心配なの。5. Il faut que vous vous couchiez... 今晩は早く寝るべきですよ。6. Nous ne croyons pas qu'elle soit... 私たちは彼女がそんなに親切だと思いません。7. Je n'aime pas que nous fassions... 私は列車の切符を買うのに窓口に並ぶのがいやなの。8. Elle ne pense pas que je puisse écrire... 彼女は私が金曜日までにいいレポートが書けると思っていない。9. Il est possible qu'elle ait oublié le rendez-vous. 彼女は待ち合わせを忘れてしまったかもしれない。 10. Nous sommes contents que nos deux filles soient venues... 私たちは2人の娘が子供たちと家にクリスマスのお祝いに来てくれたのがうれしい。※過去分詞は主語の性・数に一致。

Pour aller plus loin

（　）の動詞を接続法現在にして＿＿＿に書き、文を訳しましょう。

☐ 1. Je cherche une jeune fille qui ＿＿＿＿ de ma grand-mère.
　　（s'occuper）

☐ 2. Bien qu'il ＿＿＿＿ mauvais, ils sont partis à la montagne.
　　（faire）

☐ 3. Écris-moi de temps en temps pour que je ＿＿＿＿ avoir de tes nouvelles. （pouvoir）

☐ 4. Tu dois rentrer à la maison avant qu'il ＿＿＿＿ très tard. （être）

☐ 5. Tu déménages ! Tu veux que je ＿＿＿＿ nettoyer l'appartement ?
　　（venir）

☐ 6. Il est préférable qu'on ＿＿＿＿ plusieurs langues étrangères.
　　（apprendre）

☐ 7. Il vaut mieux que vous ＿＿＿＿ vos parents ici. （attendre）

☐ 8. Ouvrez les fenêtres pour que la salle ＿＿＿＿ aérée. （être）

☐ 9. J'ai peur qu'il ne ＿＿＿＿. （pleuvoir）

☐ 10. Ce sont les meilleurs restaurants que je ＿＿＿＿. （connaître）

日本語を参考に適切なフランス語を１語＿＿＿に書き、文を完成しましょう。

☐ 11. Il vaut mieux ＿＿＿ tu ＿＿＿ dès ＿＿＿.
　　君は今すぐ出発するほうがいいと思うよ。

☐ 12. Prends quelques jours de congé pour ＿＿＿ tu ＿＿＿ un ＿＿＿.
　　少し休息するために数日間休みをとりなさい。

☐ 13. C'est ＿＿＿ ＿＿＿ ＿＿＿ que François ＿＿＿ ＿＿＿.
　　フランソワが結婚する相手は日本人の女性なのよ。

- 14. Nous _____ _____ _____ avant _____ il _____ nuit ?
  夜になる前に家に着くかしら。

- 15. Demain, il _____ _____ j' _____ chercher _____ _____ à l' _____ .
  明日、空港に両親を迎えに行かなければならない。

- 16. Ils s'inquiètent que leur _____ n' _____ _____ _____ _____ emploi.
  彼らは息子にまだ仕事が見つかっていないのが心配です。

- 17. Je _____ _____ _____ _____ vous _____ _____ me _____ .
  あなた方が私に会いに来てくれたのがとてもうれしいです。

- 18. _____ qu'il _____ bien _____ , il n' _____ _____ (à) l'examen.
  彼はよく勉強したのに試験に合格しなかった。

- 19. C'est le _____ le _____ que j' _____ récemment.
  これは私が最近読んだ一番おもしろい本です。

- 20. Ce sont les _____ _____ _____ que j' _____ _____ à Venise.
  これは私がヴェニスで撮った一番美しい写真です。

- ☐ 接続法現在の活用形の原則を覚えた。
- ☐ 接続法現在の原則以外の活用形 venir /faire /aller / avoir / être を覚えた。
- ☐ どのような文で接続法を使用するかがわかる。
- ☐ 強調構文をつくることができる。

Pour aller plus loin の解答と解説

Leçon 1 (p.14-15)
1. ... <u>une</u> assiette, <u>un</u> verre et <u>une</u> serviette. テーブルの上に皿、グラス、ナプキンがあります。
2. ... <u>un</u> couteau, <u>une</u> fourchette et <u>une</u> cuillère. 皿のそばにナイフ、フォーク、スプーンがあります。
3. ... <u>un</u> ordinateur et <u>une</u> imprimante. 机の上にパソコンとプリンターがあります。
4. ... <u>des</u> livres, <u>un</u> cahier, <u>un</u> crayon, <u>un</u> stylo... パソコンの近くに本（複数）、ノート、鉛筆、ペン…があります。
5. ... <u>une</u> clé, <u>un</u> portefeuille et <u>un</u> smartphone. バッグの中に鍵、財布、スマートフォンがあります。
6. ... <u>un</u> agenda et <u>un</u> mouchoir. 手帳とハンカチもあります。※ aussi は「～もまた」。
7. ... <u>une</u> montre. ここに腕時計があります。
8. ... <u>la</u> montre de Marie. それはマリの腕時計です。
9. ... <u>des</u> lunettes. めがねがあります。
10. ... <u>les</u> lunettes de Philippe. フィリップのめがねです。
11. ... <u>une</u> dame là-bas. あちらに女性がいます。
12. ... <u>la</u> mère de Pierre. ピエールの母親です。
13. ... <u>un</u> monsieur là-bas. あちらに男性がいます。
14. ... <u>le</u> père de Sophie. ソフィの父親です。
15. ... <u>un</u> sac. バッグがあります。
16. ... <u>le</u> sac de Céline. セリーヌのバッグです。
17. ... <u>un</u> appartement. マンションがある。
18. ... <u>l'</u>appartement de M. et Mme Legrand. ルグラン夫妻のマンションです。
    ※ monsieur et madame は「～夫妻」。
19. ... <u>des</u> bagages. 荷物があります。
20. ... <u>les</u> bagages de monsieur Dumont. デュモンさんの荷物です。
21. ... <u>des</u> garçons là-bas. あちらに少年たちがいます。
22. ... <u>les</u> frères de Paul. ポールの兄弟です。
23. ... <u>une</u> maison. 家がある。
24. ... <u>la</u> maison de Sylvie. シルヴィの家です。
25. ... <u>le</u> château de <u>Chambord</u>. お城がある。―シャンボール城です。
26. ... <u>le</u> musée <u>Picasso</u>. 美術館がある。―ピカソ美術館です。
27. ... <u>le</u> pont <u>Mirabeau</u>. 橋がある。―ミラボー橋です。

28. ... l'église Saint-Sulpice. 教会があります。—サン・シュルピス教会です。
29. ... la gare Montparnasse. 駅がある。—モンパルナス駅です。
30. ... la station Châtelet. 地下鉄の駅がある。—シャトレ駅です。 ※「地下鉄の駅」は une station,「鉄道の駅」は une gare.

Leçon 2 (p.22-23)
1. ... un joli sac. すてきなバッグよ。
2. ... une moto américaine. これはアメリカ製のバイクです。
3. ... un jeune homme. ルグラン氏は若い男性です。
4. ... un livre intéressant. これはおもしろい本です。
5. ... une fille blonde là-bas. あそこに金髪の女の子がいます
6. C'est une belle voiture. すてきな車です。
7. C'est une voiture allemande. ドイツの車です。
8. C'est une bonne voiture. いい車です。
9. C'est une voiture blanche. 白い車です。
10. C'est une grande voiture. 大きい車です。
11. C'est une voiture française. フランスの車です。
12. C'est une petite voiture. 小さい車です。
13. C'est une voiture japonaise. 日本車です。
14. C'est une vieille voiture. 古い車です。
15. C'est une voiture merveilleuse. 素晴らしい車です。
16. C'est une voiture rouge. 赤い車です。
17. C'est une voiture sportive. スポーツ車です。
18. ... C'est Akiko, une amie japonaise.
19. Bon appétit ! ※食事を始める時にかわす表現。
20. Il y a un bon restaurant français.
21. C'est une belle chanson japonaise.
22. Merci beaucoup. Vous êtes gentille.
23. Je suis étudiante.
24. Je suis pâtissier.
25. Nous sommes japonaises.
26. Ils sont beaux. ※ -eau で終わっているので、名詞の複数形と同様 x をつける（p.13 参照）。
27. Elle est heureuse.
28. Tu es grand.
29. Vous êtes sportifs.
30. Elle est française.

Leçon 3 (p.30-31)
1. Florence n'est pas sérieuse. フローランスはまじめではない。※男性形は sérieux。
2. Pierre ne veut pas de thé vert. ピエールは緑茶はいらない。※直接目的語につく部分冠詞は否定文で de になる。
3. Elle n'a pas les cheveux blonds. 彼女は金髪の髪ではない。※直接目的語につく冠詞が定冠詞のときは de にならない。
4. Ce n'est pas une bonne idée. それはいい考えではない。※ une bonne idée は直接目的語ではなく属詞なので de にならない。
5. Thomas ne veut pas de pomme. トマはりんごは欲しくない。※直接目的語につく不定冠詞は否定文で de になる。
6. Je n'ai pas de fièvre. 私は熱はありません。※ 2. に同じ。
7. Nous n'avons pas d'amis français. 私たちにはフランス人の友だちがいない。※ 5. に同じ。de のエリジョンに注意。
8. Ce n'est pas un bon restaurant. これは（ここは）おいしいレストランではない。※ 4. に同じ。
9. Il n'y a pas de fromage. チーズがない。※ il y a の構文では名詞につく不定冠詞、部分冠詞は否定文で de になる。
10. Ce ne sont pas des motos japonaises. これらは日本のバイクではありません。※4.に同じ。
11. Vous n'avez pas d'appétit. あなた（方）は食欲がありませんね。※ 2. に同じ。de はエリジョン。
12. Ils ne veulent pas de voiture. 彼らは車は欲しくない。※ 5. に同じ。
13. Ce n'est pas une jolie montre. これはすてきな腕時計ではない。※ 4. に同じ。
14. Il n'y a pas d'huile. 油がない。※ 9. に同じ。de のエリジョンに注意。
15. Il n'y a pas de fleurs dans le vase. 花瓶に花がありません。※ 9. 参照。
16. J'ai chaud.
17. Je n'ai pas faim, mais j'ai soif.
18. Je veux avoir un petit chien.
19. Je n'ai pas de monnaie.　※肯定文は J'ai de la monnaie.
20. Je ne veux plus de viande.
21. Ils ne sont pas contents.
22. Elle a sommeil.
23. Tu n'as pas de chance.
24. J'ai besoin d'un dictionnaire français-japonais.　※ de のエリジョンに注意。
25. Ce n'est rien.
26. Il n'y a personne à la maison.
27. Il n'y a rien dans la boîte.

28. La soupe n'est plus chaude.
29. Elle a les cheveux courts.
30. Tu as raison.

Leçon 4 (p.38-39)
1. Ils achètent ... 彼らはバゲット1本とクロワッサン2つを買います。
2. Je déjeune ... 私は家で昼食をとる。
3. ... nous commençons ... 今日は10課を始めます。
4. Je préfère ... 私は家にいるほうがいい。
5. Éric envoie ... エリックはシルヴィに絵葉書を送る。
6. Nous mangeons ... 私たちはイタリアンレストランで食事をする。
7. Est-ce que vous voyagez ... あなた(方)はよく旅行をしますか。
8. Paul porte ... ポールはいつもめがねをかけている。※「1組のめがね」は複数名詞で表す。
9. La mère de Catherine ne travaille pas. カトリーヌの母親は働いていません。
10. Le musée ferme ... 美術館は毎週火曜日に閉館します。※〈le＋曜日〉で「毎週〜曜日」
11. Quelles langues parlez-vous ?
12. Je parle japonais et anglais.
13. Tu as quel âge ?
14. J'ai vingt ans.
15. Quelle est la date d'aujourd'hui ?
16. C'est le premier mai. ※1日だけ序数詞 le 1er を用いる。2日からは数詞を用いて le deux... になる。
17. Quel jour sommes-nous ?
18. Nous sommes jeudi.
19. J'étudie le français à l'université.
20. Vous n'êtes pas étudiant ?
21. Si, je suis étudiant.
22. Tu n'aimes pas le sport ?
23. Non, je n'aime pas le sport.
24. Quel animal de compagnie avez-vous ?
25. J'ai un chat.
26. Je ne sais pas conduire.
27. Ils dansent très bien.
28. Aimez-vous chanter ?
29. Tu aimes la glace ?
30. Oui, j'adore ça. ※ ça は「それ (あれ、これ)」。

Leçon 5（p.46-47）
1. Vous pouvez ... 医者を呼んでいただけますか。
2. ... finis-tu ... 君は何時に仕事を終えるの。
3. Nathalie pense à ... ナタリは自分の国のことを考えている。
4. Nous choisissons... 私たちはこの二階建ての家を選びます。 ※ étage は日本の 2 階からの階を表す。1 階を表すのは rez-de-chaussée。「階がひとつある家」なので日本式の 2 階建ての家になる。
5. Je reste... 私は家にいます。疲れているので。
6. Moi, je suis ... 私は、日本人です。
7. ... ces lunettes sont à toi ? ポール、このめがねは君のものかい？
8. ... Oui, c'est elle. あちらはソフィの姉妹ですか。—はい、彼女です。
9. ... Non, ce n'est pas lui. この写真（に写っているの）は君の兄弟かい。—いいえ、彼ではありません。
10. ... chez nous. 私たちは自宅（私たちの家）に友だちを夕食に招待します。
11. Voici mes parents.
12. Vous avez votre passeport ?
13. Voilà votre billet de train.
14. Je téléphone à ma mère.
15. Je ne suis pas étudiant. Et vous / toi ?
16. — Moi non plus.　※否定でたずねられたことに対して「同じ」。p.43 参照。
17. Sa sœur est aussi grande ?
18. — Oui, elle aussi.
19. Vous réfléchissez bien !
20. Vous remplissez ce formulaire.
21. Les enfants finissent leurs devoirs avant le dîner.　※ devoirs「宿題」は複数形で用いる。
22. Est-ce que je peux fermer la fenêtre ?
23. Je choisis une tarte comme dessert.　※ comme 〜 は「〜として」。
24. C'est ton sac ?
25. — Non, il n'est pas à moi.
26. Tu es libre ce week-end ?
27. Il est occupé cette semaine.
28. Cette année, je termine / finis mes études à l'université.
29. Cet après-midi, nous visitons le musée.
30. Ce vélo est à Paul.

Leçon 6 (p.54-55)

1. Qui accompagnez-vous... あなたは誰を駅に送るのですか。―私の友達です。
2. Qui / Qui est-ce qui habite ici ? 誰がここに住んでいますか。―女優です。
3. Qui est-ce ? どなたですか。―私の妹です。
4. À qui pensez-vous ? あなたは誰のことを考えていますか。―私の両親のことです。
5. De qui parlez-vous ? あなたたちは誰のことを話しているの？―私たちはフランス語の先生のことを話しているの。
6. Que cherches-tu ? 君は何を探しているの。―私のお財布よ。
7. C'est quoi... 君の仕事、何？―料理人だ。
8. Qu'est-ce qui tombe ? 何が降ってる？―雪だよ！
9. À quoi penses-tu ? 君は何を考えているの。―私の将来のこと。
10. De quoi est-ce que vous... あなた方は何について話しているの。―私たちは夏休みのことを話しています。
11. Qu'est-ce qu'on fait ?
12. Elle met ces chaussures aujourd'hui.
13. Tu mets de la confiture ?
14. Le dimanche, nous faisons / on fait du tennis.
15. Il parle avec qui ?
16. Les Japonais mangent avec quoi ?
17. Que faites-vous ?
18. ― Je suis fonctionnaire.
19. Qu'est-ce que tu as ?
20. Qu'est-ce qu'il y a ?

Leçon 7 (p.62-63)

1. Nous allons à l'aéroport ... 私たちは成田空港に行きます。
2. Paul veut une glace à la vanille. ポールはバニラアイスがひとつ欲しい。
3. On va aux Champs-Élysées. 私たちはシャンゼリゼに行く。
4. Elle a mal aux dents. 彼女は歯が痛い。
5. Ils sont au bureau. 彼らはオフィスにいます。
6. Comment est-ce qu'on fait ... ルーブルに行くにはどうするのですか。―まっすぐ行ってください。 ※ tout droit は「まっすぐに」
7. Tu habites où ? 君、住んでるとこどこ。―大学から5分のところ。
8. Combien de temps... この仕事を終えるのにどれくらい時間がかかりますか。―1時間かかります。
9. Pourquoi（est-ce que）tu ne sors pas ... どうして私たちと出かけないの。―やらなき

ゃならないことがたくさんあるの。※ pourquoi の構文では est-ce que をつけずに〈主語＋動詞〉の語順になることが多い。〈avoir ～ à ＋不定詞〉で「…すべき～がある」
10. Quand est-ce qu'ils ... 彼らはいつ私たちの家に来れるの。—日曜日の午後に。
11. Quand partez-vous ?
12. Depuis combien de temps travaillez-vous ici ?
13. Depuis quand est-ce que tu habites à Paris ? — Depuis avril.
14. Comment allez-vous à Lyon ? — En voiture.　※ en は交通手段を表す前置詞。
15. Comment vas-tu ?
16. Nous sommes le combien ? — Le 10 septembre.
17. Le train va arriver.
18. Quand est-ce que tu vas en France ?
19. Où passez-vous vos vacances ?
20. Vous êtes combien ? — Nous sommes six.

Leçon 8（p.70-71）
1. Le directeur rentre de la réunion... 部長は正午までに会議から戻ります。
2. Les feuilles des（de＋les）arbres ... 木々の葉が落ち始めている。
3. On entend le chant des（de＋les）oiseaux. 鳥たちのさえずりが聞こえる。
4. Où est la clé de la voiture ? 車の鍵はどこにある？
5. C'est le musée du（de＋le）Louvre. ルーヴル美術館です。
6. ... Tu préfères celui-ci ou celui-là ? ほら、パソコンの機種が2つあるよ。君はこっちの方がいい、それともこっち？ ※ modèle は男性名詞。
7. ... celle de Thomas est allemande. ぼくの車は日本製だけど、トマの（それ／車）はドイツ製だ。
8. ... celui de Jacques Demy. どの映画を見に行く？—「シェルブールの雨傘」、ジャック・ドゥミの（それ／映画）。
9. Le train vient d' arriver.
10. Ne sois pas en retard.
11. Chante bien.　※ tu chantes なので命令形では s をとる。
12. Ayez du courage.
13. Écoutez vos parents.
14. Ne faites /fais pas de bêtises !　※ faire des bêtises で「ばかなことをする」。vous faites の -es は vous の活用形なので s はとらない。
15. Soyez gentils...　※形容詞 gentils に複数の s がついているので複数の相手 vous「あなたたち、君たち」に対する命令形にする。
16. Le cours vient de commencer.

17. Va chercher le journal.　※ tu vas の命令形は s をとって va になる。aller chercher ～ で「(もの) を取りに行く」の意味。
18. Je prends un taxi pour rentrer du bureau.
19. D' où venez-vous ?
20. Je viens / suis du Japon.　※ être de ～も「～の出身である」

Leçon 9 (p.78-79)
1. ... Je te vois... いつぼくの家に来る。―金曜日に君に会うよ。
2. ... je la garde ? 家の鍵、私がもっている？
3. ... viens me voir... もしできるなら、今晩私に会いにきて。暇だから。
4. ... je l'étudie... 日本語を学んでいるのですか。―はい、6ヶ月前から学んでいます。
5. ... invite-la... ママ、学校に新しいお友達がいるの。―あらそう。じゃあ、(彼女を) お家に呼びなさいよ。
6. ... Je reviens vous chercher ... ピエールとマリ、ここにいなさい。すぐにおまえたちを迎えに戻ってくるから。
7. ... Vous la prenez ? あぁ、私のサイズのジャケットです。―お求めになりますか。
8. ... Tu veux l'essayer ? このドレス、きれいね。―試着してみる？
9. On voit la mer ! C'est beau !
10. Vous connaissez un bon restaurant près d'ici ?
11. Où est-ce que je t' attends ?
12. Quand est-ce que tu la vois ?
13. J'ai beaucoup de choses à faire. Tu peux m' aider ?
14. Je ne t' entends pas très bien.
15. Le matin, je regarde les informations à la télé.
16. Ce soir, on va voir un film.
17. Viens chez moi ce samedi. Je vais te présenter à mes parents.
18. Je vous remercie beaucoup.
19. Je t'accompagne jusqu'à la gare.
20. On vous écoute.

Leçon 10 (p.86-87)
1. ... maman va nous acheter... セシル、もしいい子にしてたら、ママがぼくたちにおもちゃを買ってくれるよ。
2. ... Prête-lui... アラン、弟がもう 10 分遅れてるわ。彼に自転車を貸してあげて。
3. ... donne-le-moi, s'il te plaît. ぼくの電話番号教えようか？―うん、(ぼくにそれを) 教えてくれ。

4. ... Tu peux me la présenter ? セシルを知ってる？—いいや。ぼくに彼女を紹介してくれる？
5. ... Je leur dis bonjour... 君は近所の人とよく話す？—いいえ。彼らに挨拶するだけよ。
6. Il fait froid... 今日は寒い。
7. Il faut rentrer... すぐに帰らなければならない。
8. Il n'y a plus de nuages. もう雲はでてないよ。
9. Il est interdit d'utiliser son smartphone ici. ここはスマートフォンの使用は禁止です。
10. Il pleut à Paris... パリは今朝から雨が降っている。
11. Qu'est-ce que ça veut dire ?
12. Elle ne dit pas la vérité.
13. Je te donne mon adresse électronique.
14. Tu peux me passer le sel ?
15. Dites bonjour de ma part à vos parents.
16. Écris-moi de temps en temps.
17. Ça vous plaît ?
18. Je vous réponds tout de suite.
19. Je t' offre un café.
20. Montre-moi ces photos.

Leçon 11（p.96-97）

1. François et Valérie se téléphonent chaque soir. フランソワとヴァレリは毎晩、電話をかけあっている。
2. Le français se parle au Canada. フランス語はカナダで話されている。
3. Je vais me marier avec Pierre. 私はピエールと結婚します。
4. Tu t'intéresses à l'art moderne ? 現代美術に興味がある？
5. Vous vous levez à quelle heure ? あなたは何時に起きますか。
6. Tu te souviens de moi ? 君はぼくのこと覚えているかい。
7. Nous nous connaissons depuis notre enfance. 私たちは子供の頃から知り合いです。
8. Ces livres se vendent bien. これらの本はよく売れている。
9. Paul ne se couche pas avant minuit. ポールは午前零時前には寝ない。
10. Isabelle et Olivier ne s'aiment plus. イザベルとオリヴィエはもう愛し合っていない。
   ※ ne 〜 plus :「もはや〜ない」
11. Vous vous appelez comment ?
12. Les enfants, couchez-vous ! Il est déjà dix heures.
13. Tu es en retard. Dépêche-toi !
14. Ne t' inquiète pas.

15. Promenons-nous sur les quais de la Seine.
16. Amusez-vous bien.
17. Thomas, lève-toi.
18. Vous vous intéressez à quoi ? ※もの・事柄についてたずねる疑問代名詞が前置詞とともに用いられている。À quoi vous intéressez-vous ? / À quoi est-ce que vous vous intéressez ? ともなる（p.49 参照）。
19. Reposez-vous bien.
20. Asseyez-vous, je vous en prie. ※ je vous en prie「どうぞ」は相手にすすめるときの表現。

Leçon 12 (p.104-105)
1. Nous avons eu... 私たちは 10 時から正午まで会議がありました。※期間が限定された継続的な事柄は複合過去を用いる。
2. Elle a été... 彼女は 1 週間病気だった。※ 1. と同じ。
3. Il a écrit... 彼はデュモン夫人に礼状を書いた。
4. Je lui ai offert... 私は彼（女）にバラの花束をプレゼントした。
5. Cet hiver, il a beaucoup neigé... この冬、この地方は大雪だった。※副詞 beaucoup の位置は、複合過去のように助動詞をとる時制では過去分詞の前に置く。
6. Nous avons entendu... 私たちは変な物音が聞こえた。
7. Pierre n'a jamais mangé de poisson cru. ピエールは一度も生魚を食べたことがない。※ ne ~ jamais「決して~ない / 一度も~ない」は、否定の表現 ne ~ pas と同様に活用している動詞（ここでは助動詞 avoir）を ne, jamais ではさむ。de は否定の冠詞。Pierre mange du poisson cru.
8. ... Je l'ai achetée... すてきなドレスを着ているわね。—ありがとう。パリにあるお店でこれを買ったのよ。※ l' (la) は直接目的語の代名詞。これを名詞に戻すと J'ai acheté cette belle robe dans une boutique... になる。avoir を助動詞にする時制で直接目的語が動詞の前に置かれると過去分詞はこの直接目的語の性と数に一致する。
9. ... Où est-ce que je l'ai mise ? 私の学生証が見つからない。どこに置いたのかしら。※ 8. と同じ。Où est-ce que j'ai mis ma carte d'étudiant ? の直接目的語 l'(la) が動詞の前に置かれているので過去分詞はこの直接目的語に一致。
10. Tu nous as attendu(e)s longtemps ? — Oui ! Je vous ai attendu(e)s une demi-heure ! 君は長いことを私たちを待った？—そうだよ！君たちを 30 分待った。※ nous も vous もここでは動詞 attendre の直接目的語。8. 9. と同じ。
11. Ça m'a beaucoup plu.
12. Tu as déjà fini ? ※ déjà の位置は過去分詞の前。5. と同じ。
13. Je n'ai pas encore vu ce film. ※ encore の位置は 5. と同じ。pas の位置は 7. と同じ。

14. On a bien mangé. ※ bien の位置は 5. と同じ。manger bien は「おいしい料理をたっぷり食べる」意味。
15. J'ai très bien dormi.
16. Vous avez choisi ?
17. Vous avez terminé ?
18. Elle n'a rien dit. ※ rien は過去分詞の前に置く。7. と同じ。
19. Je n'ai pas fait grand-chose.
20. Vous avez passé de bonnes vacances ? ※形容詞が名詞の前にあるとき不定冠詞 des は de になる（p.19 参照）。

Leçon 13（p.112-113）
1. Le train n'est pas encore arrivé. 列車はまだ到着していない。
2. Mon smartphone est tombé par terre. 私のスマートフォンが床に落ちた。
3. Catherine est déjà retournée en France. カトリーヌはもうフランスに戻った。
4. Akiko, quand est-ce que tu es revenue d'Italie ? アキコ、いつイタリアから戻ったの？ ※アキコにたずねているので、tu は女性。
5. Notre chien est mort il y a .. 私たちの犬が 1 週間前に死んだ。　※ il y a ～「～前に」
6. Je ne me suis pas réveillé(e) à six heures. 私は 6 時に目が覚めなかった。
7. Émilie s'est vite habillée pour aller jouer dehors. エミリは急いで服を着て外に遊びに行った / 外に遊びに行くために急いで服を着た。
8. Satoshi et Makiko, vous êtes déjà allés... サトシ、マキコ、君たちは今までにイギリスに行ったことがありますか。
9. Nous sommes resté(e)s... 私たちは英語を学ぶためにロンドンに 1 ヶ月滞在しました。
10. Les Martin sont partis... マルタン一家は 5 月に旅行に出かけた。※苗字に les がつくと「～一家」の意味。
11. Saki s'est levée à sept heures ce matin.
12. Elle est sortie / partie de chez elle à neuf heures.
13. Elle est arrivée à la gare à dix heures.
14. Paul n'est pas venu à l'heure du rendez-vous.
15. Ils sont montés dans le train de dix heures et demie.
16. Ils sont partis avec une demi-heure de retard.
17. Ils sont descendus à la gare de Trouville.
18. De la gare, ils sont allés à la mer à pied.
19. Ils se sont promenés sur la plage.
20. Ils se sont bien amusés.

Leçon 14（p.120-121）

1. ... Oui, j'y pense / nous y pensons de temps en temps. あなた(方)は生まれ故郷のことを考えますか。―はい、ときどき（そのことを）考えます。
2. ... Oui, je pense à eux. 君は両親のことを考える？―はい、彼らのことを考えるよ。※〈penser à + 人〉のとき、〈à + 人〉は関節目的語の代名詞に置きかえないで〈à + 強勢形〉にする。× Oui, je leur pense. と言わない（p.119 参照）。
3. ... Non, elle ne l'est pas. デュモン氏は英語の先生ですが、奥さん（彼の妻）もそうですか。―いいえ、彼女はちがいます（そうではない）。※中性代名詞 l'(le) は主語の属詞となる名詞の代わり。Non, elle n'est pas *professeur d'anglais*.
4. ... Bien sûr, je le sais. 今夜、吹雪になるのを知っていますか。―もちろん、知っています。
5. ... Oui. Il me l'a dit. ピエールが仕事で日本に行くこと知ってる？―うん。彼がぼくにそう言ったよ。
6. Vous avez de la monnaie ?
7. — Désolé(e). Je n' en ai pas. ※ Je n'ai pas *de monnaie*.
8. Tu mets du sucre dans ton café ?
9. — Non, je n' en mets pas. ※ Non, je ne mets pas *de sucre*.
10. Est-ce que vous avez des sœurs ?
11. — Oui, j' en ai une. ※ Oui, j'ai une *sœur*.
12. Avec qui est-ce que tu vas chez Sophie ?
13. — J'y vais avec Céline. ※ Je vais *chez Sophie* avec Céline.
14. Où est-ce qu'on achète des fleurs ?
15. — On en achète chez le fleuriste. ※ On achète *des fleurs*...
16. Il y a encore du vin ?
17. — Non, il n'y en a plus. ※ ne ~ plus「もはや～ない」Non, il n'y a plus *de vin*.
18. Comment est-ce que vous rentrez à la maison ?
19. — Nous y rentrons à pied. ※ Nous rentrons *à la maison* à pied.
20. Des croissants, tu en veux combien ? ※ Tu veux combien *de croissants* ?

Leçon 15（p.128-129）

1. ...parce qu'il voit moins bien. 彼は（前より）よく見えないのでめがねが必要だ。
2. La région du Tohoku est moins peuplée que celle du Kanto. 東北地方は関東地方より人口が少ない。※ celle du Kanto は la région du Kanto
3. ..., on roule moins vite que sur une autoroute. 小さな道路では高速道路よりスピードを落として走る。
4. ... Elle parle aussi bien anglais que français. マリはバイリンガルです。彼女はフランス語と同じくらい上手に英語を話す。

5. La réponse par courriel est <u>plus</u> rapide que par la poste. 電子メールによる返信は郵便より速い。
6. ... il fait <u>plus</u> chaud qu'à Tokyo. 沖縄は東京より暑い。
7. ... Les grandes villes sont <u>plus</u> dangereuses. 車に気をつけなさい。大都市は（あなたのいる所と比べて）ずっとあぶないですよ。※ dangereux「危険な」
8. ... L'air est <u>plus</u> pur à la campagne. 深呼吸しなさい。田舎の空気は（都会と比べて）ずっと澄んでいます。
9. Mon grand-père va <u>mieux</u>. Il sort... 私の祖父は具合がよくなっています。今日、退院します。※ aller bien「元気である」
10. ... Elle est <u>meilleure</u> que celle de mon quartier. このケーキ屋はとてもおいしい。私の街のケーキ屋よりおいしい。※ celle de mon... は la pâtisserie de mon...
11. Je me suis <u>couchée plus tôt que</u> d'habitude : j'étais fatiguée. ※ fatiguée に e がついているので「私」は女性。
12. ..., il <u>fait plus froid qu'</u> hier.
13. <u>Nous</u> <u>sommes</u> plus <u>occupé(e)s</u> que la semaine <u>dernière</u>.
14. Nous <u>visitons</u> les musées <u>plus</u> <u>souvent</u> que l'<u>année</u> <u>dernière</u> / <u>an</u> <u>dernier</u>.
15. <u>Tu</u> <u>chantes</u> <u>mieux</u> que <u>nous</u>.
16. Quel est <u>le</u> <u>meilleur</u> <u>joueur</u> de baseball ?
17. Quels sont les <u>exercices</u> <u>les</u> <u>plus</u> <u>difficiles</u> de cette leçon ?
18. Quel est <u>le</u> <u>meilleur</u> film <u>japonais</u> de cette <u>année</u> ?
19. ..., il y a <u>plus</u> <u>d'</u> habitants qu'à Paris.
20. Il <u>boit / prend</u> toujours <u>autant</u> <u>de</u> <u>vin</u> qu'avant.

Leçon 16 (p.136-137)
1. C'est la ville <u>où</u> je suis né(e). これは私が生まれた町です。
2. C'est la ville <u>qui</u> est la plus grande de... これはこの地域で一番大きな都市です。
3. C'est la ville <u>dont</u> la population est très jeune. これは住民がとても若い町です。
4. C'est la ville <u>que</u> j'aime beaucoup. これは私が大好きな町です。
5. C'est un petiti village <u>où</u> les touristes viennent se promener. これは観光客が散歩に訪れる小さな村です。
6. C'est un petit village <u>dont</u> on aime le paysage. これはその景色が好まれる（人がその景色を好む）小さな村です。
7. C'est un petit village <u>qui</u> se trouve près de... これは海の近くにある小さな村です。
8. C'est un petit village <u>qu'</u>on connaît bien grâce à... これはその塩の生産のおかげでよく知られている（人が知っている）小さな村です。※ grâce à ～「～のおかげで」
9. <u>Le</u> <u>Japon</u> est un pays <u>qui</u> <u>produit</u> du saké.

10. Le Japon est un / le pays où nous voulons vivre.
11. Tokyo, c'est la ville où Olivier a rencontré Saki.
12. Monet est un peintre que j' aime.
13. Nous allons au musée d'Orsay où il y a beaucoup de tableaux impressionnistes.
14. J' aime le musée du Louvre où nous pouvons admirer « La Vénus de Milo ».
15. L'hôtel que nous avons trouvé n'est pas cher.
16. C'est un restaurant où on mange bien.
17. Comment s'appelle la ville où il y a la maison de Monet ?
18. C'est un livre dont l' histoire est très intéressante.
19. Voilà une amie que je connais depuis mon enfance.
20. J'oublie toujours les conseils qu'il me donne.

Leçon 17 (p.144-145)
1. Quand j'étais petit, il y avait beaucoup d'élèves à l'école ; 私が小さいとき、小学校には生徒がたくさんいた。
2. je faisais du foot... 私は放課後、クラスメートと一緒にサッカーをし、
3. mes amis venaient jouer... 友だちが私の家に遊びに来ていた。
4. Les élèves travaillaient bien et 生徒たちはよく勉強し、
5. ils jouaient dehors. 外で遊んでいた。
6. ..., mais avant, il y en avait beaucoup. 今はもうこの村には若者がいませんが、以前はたくさんいました。※ il y avait beaucoup de jeunes の下線部が中性代名詞 en。
7. .... mais avant, nous ne le parlions pas. 私たちは今はフランス語を話しますが、以前は話せませんでした。※ pouvoir は状況、条件として「～できる」の意味なので、「話せない」に pouvoir を用いないこと。je ne parle pas で「話せない」ことが伝わる。nous ne parlions pas (le) français の下線部が直接目的語の代名詞 le。
8. ..., mais avant, tu y allais... 君はもうプールに行っていないが、以前は毎週土曜日そこに行っていました。※ tu allais à la piscine の下線部が中性代名詞 y。
9. ..., mais avant, je l'écrivais tous les soirs. 私は、今はもう日記を書いていませんが、以前は毎晩（それを）書いていました。※ j'écrivais mon journal intime の下線部が直接目的語の代名詞 l' (le)。
10. ..., mais avant, elles en mangeaient souvent. 彼女たちは、今はもうスイーツ類を食べていませんが、以前はよく（そういうものを）食べていました。※ manger の半過去の語幹は nous mangeons から ons をとった mange になる。※ elles mangeaient des sucreries の下線部が中性代名詞 en。
11. Où passiez-vous vos vacances ?
12. Quels livres lisiez-vous quand vous étiez étudiant(e) ?

13. Avant je prenais le vélo pour aller au bureau.
14. Qu'est-ce que vous faisiez avant ?
15. — Je travaillais dans un hôpital.
16. Qu'est-ce que tu voulais être / devenir plus tard ?
17. ... je me couchais tard.
18. Quand je me promenais à Shibuya, j'ai rencontré un ancien camarade de classe.
19. Quand elle est rentrée à la maison, son mari avait préparé le dîner. ※彼女が帰宅したよりも前に夕食を準備していたので大過去を用いる。
20. Quand nous sommes arrivé(e)s à la gare, le TGV à destination de Paris était déjà parti.

Leçon 18(p.152-153)
1. La Marseillaise est chantée avant le coup d'envoi. キックオフの前にラ・マルセイエーズ（フランス国歌）が歌われます。
2. Les cartes de crédit ne sont pas acceptées. クレジットカードは扱いません。
3. Quand est-ce que la fusée sera lancée ? いつロケットは打ち上げられますか。
4. Quand est-ce que ce projet de loi sera voté ? いつこの法案は可決されますか。
5. Où est-ce que ces photos ont été prises ? これらの写真はどこで撮影されましたか。
6. Comment est-ce que le pain est fabriqué ? パンはどうやってつくられるのですか。
7. Je finirai / terminerai mes études à l'université l'année prochaine / an prochain.
8. Qu'est-ce que vous ferez après vos études ?
9. — Moi, je travaillerai dans une entreprise.
10. — Je serai professeur d'anglais dans un collège.
11. — J'irai en France pour étudier.
12. J' aurai vingt ans la semaine prochaine.
13. Mon père prendra sa retraite le mois prochain.
14. Ma grand-mère sortira de l'hôpital ce vendredi.
15. Notre fils sera étudiant en avril.
16. Nous nous marierons en juin.
17. Cette chanson est connue de tous les enfants.
18. Cette histoire est aimée de tout le monde. ※ tout le monde「みんな」
19. Les personnes âgées ne sont pas respectées.
20. Cette voiture est fabriquée en Allemagne.

Leçon 19(p.160-161)
1. Je connais un guide sachant conduire. 私は運転のできるガイドを知っています。

2. Je connais un guide qui <u>sait</u> conduire.
3. Les personnes <u>ayant</u> le billet peuvent entrer dans la salle d'exposition. 入場券を持っている人は展示会場に入れます。
4. Les personnes qui <u>ont</u> le billet peuvent entrer dans la salle d'exposition.
5. Je me souviens de mon grand-père <u>en faisant</u> du jardinage. 私は庭いじりをしていると祖父のことを思い出す。
6. Je me souvients de mon grand-père quand <u>je fais</u> du jardinage.
7. Si vous <u>aviez</u> un <u>an</u> de congé, que <u>feriez</u>-vous ?
8. — Je <u>passerais</u> la journée à cultiver <u>mon jardin</u> à la <u>campagne</u>.
9. — Je <u>ferais</u> le tour du <u>monde</u> en <u>bateau</u>.
10. — Je <u>traverserais</u> le <u>Japon</u> <u>du</u> nord <u>au</u> sud <u>à vélo</u>.
11. — Nous <u>mènerions</u> une <u>vie</u> de luxe dans un <u>pays</u> <u>où</u> la vie n'est pas <u>chère</u>.
12. — J'<u>irais</u> <u>en</u> <u>France</u> pour <u>étudier</u> <u>le</u> <u>français</u>.
13. — J'<u>apprendrais</u> à <u>faire</u> des pâtisseries <u>au</u> <u>Japon</u>.
14. Si tu <u>avais</u> un <u>million</u> de yen, <u>que</u> <u>ferais</u>-tu ?
15. — Je <u>ferais</u> un don au <u>centre</u> de formation des <u>chiens</u> guides d'aveugles.
16. — Je <u>dépenserais</u> pour rénover <u>mon</u> <u>appartement</u>.
17. Il <u>a</u> <u>oublié</u> de <u>prendre</u> son <u>parapluie</u> <u>en sortant / partant</u>.
18. Je <u>me</u> <u>souviens</u> <u>de</u> ma <u>mère</u> <u>en</u> <u>faisant</u> la <u>cuisine</u>.
19. Vous <u>auriez</u> un <u>stylo</u> à <u>me prêter</u> ?
20. Tu <u>travailles</u> trop. Tu <u>devrais</u> <u>te</u> <u>reposer</u>.

Leçon 20 (p.168-169)

1. ... une jeune fille qui <u>s'occupe</u> de ma grand-mère. 私は祖母の面倒をみてくれる若い女性を探しています。
2. Bien qu'il <u>fasse</u> mauvais, ... 天気が悪いにもかかわらず、彼らは山に出かけた。
   ※〈bien que + 接続法〉で「～であるのに、～にもかかわらず」
3. ... pour que je <u>puisse</u> avoir de tes nouvelles. あなたの近況がわかるようにときどき私に手紙を書いてね。※ pour que + 接続法「...が～するように」、目的を表す。
4. ... avant qu'il <u>soit</u> très tard. 君はあまり遅くならないうちに家に帰るべきですよ。
   ※〈avant que + 接続法〉で「...が～する前に」
5. ... Tu veux que je <u>vienne</u> nettoyer l'appartement ? 君、引っ越すんだ！マンションの掃除に来て欲しいかい。※〈vouloir que + 接続法〉で「...が～することを望む」
6. Il est préférable qu'on <u>apprenne</u> plusieurs langues étrangères. 外国語をいくつも学ぶほうがよい。※〈il est préférable que + 接続法〉で「～するほうがよい」
7. Il vaut mieux que vous <u>attendiez</u> vos parents ici. 君たちはここで両親を待つほうがい

いですよ。※〈il vaut mieux que + 接続法〉で「…が〜するほうがよい」

8. ... pour que la salle <u>soit</u> aérée. 部屋が換気されるように窓を開けなさい。※ aéré「風通しのよい、換気のよい」※ 3. と同じ。

9. J'ai peur qu'il ne <u>pleuve</u>. 私は雨が降るのではないかと心配だ。※〈avoir peur que + 接続法〉で「〜するのではないかと心配する」※主節が不安や疑問などを表すとき、従属節の接続法の動詞に「〜ではないか」のニュアンスをもつ虚辞の ne を用いることが多い。

10. Ce sont les meilleurs restaurants que je <u>connaisse</u>. これらは私が知っている最もおいしいレストランです。※先行詞に最上級の表現が用いられているとき関係詞節の動詞は接続法にする。

11. Il vaut mieux <u>que</u> tu <u>partes</u> dès <u>maintenant</u>.
12. Prends quelques jours de congé pour <u>que</u> tu <u>te</u> <u>reposes</u> un <u>peu</u>.
13. C'est <u>avec</u> <u>une</u> <u>Japonaise</u> que François <u>se</u> <u>marie</u>.
14. Nous <u>arriverons</u> <u>à</u> <u>la</u> <u>maison</u> avant <u>qu'</u> il <u>fasse</u> nuit ?
15. Demain, il <u>faut</u> <u>que</u> <u>j'aille</u> chercher <u>mes</u> <u>parents</u> à l'<u>aéroport</u>.
16. Ils s'inquiètent que leur <u>fils</u> n'<u>ait</u> <u>pas</u> <u>encore</u> <u>trouvé</u> <u>d'</u> emploi.
17. Je <u>suis</u> <u>très</u> <u>content(e)</u> que vous <u>soyez</u> <u>venu(e)s</u> me <u>voir</u>.
18. <u>Bien</u> qu'il <u>ait</u> bien <u>travaillé</u>, il n'<u>a</u> <u>pas</u> <u>réussi</u> (<u>à</u>) l'examen.
19. C'est le <u>livre</u> le <u>plus</u> <u>intéressant</u> que j'<u>aie</u> <u>lu</u> récemment.
20. Ce sont les <u>plus</u> <u>belles</u> <u>photos</u> que j'<u>aie</u> <u>prises</u> à Venise. ※ prises は前に置かれた直接目的語 photos の性と数に一致。

著者略歴

中村 敦子（なかむら あつこ）
パリ第3大学博士（言語・文化教育学専攻）。立教大学、津田塾大学ほか非常勤講師。
主要著書『音読仏単語 入門』（第三書房）、『15日間フランス文法おさらい帳』（白水社）

フランス文法はじめての練習帳

2015年4月25日　第1刷発行
2025年1月20日　第9刷発行

著　者 © 中　村　敦　子
発行者　　岩　堀　雅　己
印刷所　　株式会社三秀舎

発行所　〒101-0052 東京都千代田区神田小川町3の24　株式会社白水社
　　　　電話 03-3291-7811（営業部），7821（編集部）
　　　　www.hakusuisha.co.jp
　　　　乱丁・落丁本は送料小社負担にてお取り替えいたします。

振替　00190-5-33228　　　Printed in Japan　　加瀬製本

ISBN978-4-560-08691-9

▷本書のスキャン、デジタル化等の無断複製は著作権法上での例外を除き禁じられています。本書を代行業者等の第三者に依頼してスキャンやデジタル化することはたとえ個人や家庭内での利用であっても著作権法上認められていません。